Diogenes Taschenbuch 23047

Friedrich Dürrenmatt

Werkausgabe
in siebenunddreißig
Bänden

Band 7

Friedrich Dürrenmatt

Die Physiker

Eine Komödie in zwei Akten
Neufassung 1980

Diogenes

Die Werkausgabe in siebenunddreißig Bänden basiert auf der zu Dürrenmatts 60. Geburtstag erschienenen und von ihm in Zusammenarbeit mit Thomas Bodmer herausgegebenen Werkausgabe in neunundzwanzig Bänden 1980. Diese wurde durch die seit 1981 bis zu Dürrenmatts Tod 1990 in Buchform erschienenen bzw. von ihm noch für die Publikation vorbereiteten Einzelbände analog und innerhalb der Gattungen chronologisch fortgeführt sowie um die seit 1991 in Buchform erschienenen Werke aus dem Nachlaß ergänzt. Das 17 Bände umfassende dramatische Werk der Werkausgabe 1980 wurde um einen 18. Band ergänzt, das 12 Bände umfassende erzählerische und essayistische Werk der Werkausgabe 1980 um 5 Bände erzählerische Prosa (Bände 25 bis 29) sowie um einen Band Essays (Band 36) und einen Nachlaßband (Band 37). Sämtliche Bände wurden für diese Ausgabe durchgesehen. Druckfehler wurden stillschweigend korrigiert, sonstige Veränderungen nachgewiesen. Nach Möglichkeit wurden die schon in der Werkausgabe 1980 erschienenen Bände seitengleich übernommen.
Nachweis zur Publikations- und Aufführungsgeschichte sowie zur Textgrundlage von Ulrich Weber und Anna von Planta am Schluß des Bandes.
Umschlag: Detail aus ›Die Physiker I‹ (1962) von Friedrich Dürrenmatt.

Aufführungs-, Film-, Funk- und TV-Rechte:
Weltvertrieb: Diogenes Verlag AG, Sprecherstraße 8, CH-8032 Zürich.
Alle Rechte vorbehalten, insbesondere das der Aufführung durch Berufsund Laienbühnen, des öffentlichen Vortrags, der Verfilmung oder Übertragung durch Rundfunk und Fernsehen, auch einzelner Abschnitte.
Diese Rechte sind nur vom Diogenes Verlag zu erwerben.
Rechteerwerb für Deutschland: Felix Bloch Erben, Verlag für Bühne, Film, Funk, Hardenbergstraße 6, D-10623 Berlin.

Inhalt

Allgemeine Anmerkung
zu der Endfassung 1980 meiner Komödien

Es ging mir, im Gegensatz zu den verschiedenen Fassungen, die vorher einzeln im Arche-Verlag erschienen sind, bei den Fassungen für die Werkausgabe nicht darum, die theatergerechten, das heißt die gestrichenen Fassungen herauszugeben, sondern die literarisch gültigen. Literatur und Theater sind zwei verschiedene Welten: Außer den Komödien, die ich nur für die Theater schrieb, *Play Strindberg* und *Porträt eines Planeten,* die Übungsstücke für Schauspieler darstellen und die ich als Regisseur schrieb, gebe ich im Folgenden – die ersten Stücke tastete ich nicht an – die dichterische Fassung wieder, eine Zusammenfassung verschiedener Versionen.

F. D.

Die Physiker

Eine Komödie in zwei Akten
Neufassung 1980

Für Therese Giehse

Personen

Fräulein Doktor	
Mathilde von Zahnd	*Irrenärztin*
Marta Boll	*Oberschwester*
Monika Stettler	*Krankenschwester*
Uwe Sievers	*Oberpfleger*
McArthur	*Pfleger*
Murillo	*Pfleger*
Herbert Georg Beutler,	
genannt Newton	*Patient*
Ernst Heinrich Ernesti,	
genannt Einstein	*Patient*
Johann Wilhelm Möbius	*Patient*
Missionar Oskar Rose	
Frau Missionar Lina Rose	
Adolf-Friedrich	
Wilfried-Kaspar	*ihre Buben*
Jörg-Lukas	
Richard Voß	*Kriminalinspektor*
Guhl	*Polizist*
Blocher	*Polizist*
	Gerichtsmediziner

Geschrieben 1961
Uraufführung im Schauspielhaus Zürich
am 21. Februar 1962

Erster Akt

Ort: Salon einer bequemen, wenn auch etwas verlotter-
ten Villa des privaten Sanatoriums ›Les Cerisiers‹.
Nähere Umgebung: Zuerst natürliches, dann verbautes
Seeufer, später eine mittlere, beinahe kleine Stadt.
Das einst schmucke Nest mit seinem Schloß und seiner
Altstadt ist nun mit gräßlichen Gebäuden der Versiche-
rungsgesellschaften verziert und ernährt sich zur Haupt-
sache von einer bescheidenen Universität mit ausgebauter
theologischer Fakultät und sommerlichen Sprachkursen,
ferner von einer Handels- und einer Zahntechniker-
schule, dann von Töchterpensionaten und von einer kaum
nennenswerten Leichtindustrie und liegt somit schon an
sich abseits vom Getriebe. Dazu beruhigt überflüssiger-
weise auch noch die Landschaft die Nerven, jedenfalls
sind blaue Gebirgszüge, human bewaldete Hügel und ein
beträchtlicher See vorhanden sowie eine weite, abends
rauchende Ebene in unmittelbarer Nähe – einst ein
düsteres Moor – nun von Kanälen durchzogen und frucht-
bar, mit einer Strafanstalt irgendwo und dazugehörendem
landwirtschaftlichem Großbetrieb, so daß überall schweig-
same und schattenhafte Gruppen und Grüppchen von
hackenden und umgrabenden Verbrechern sichtbar sind.
Doch spielt das Örtliche eigentlich keine Rolle, wird hier
nur der Genauigkeit zuliebe erwähnt, verlassen wir doch
nie die Villa des Irrenhauses (nun ist das Wort doch
gefallen), noch präziser: auch den Salon werden wir nie

verlassen, haben wir uns doch vorgenommen, die Einheit von Raum, Zeit und Handlung streng einzuhalten; einer Handlung, die unter Verrückten spielt, kommt nur die klassische Form bei.

Doch zur Sache. Was die Villa betrifft, so waren in ihr einst sämtliche Patienten der Gründerin des Unternehmens, Fräulein Dr. h.c. Dr. med. Mathilde von Zahnd, untergebracht, vertrottelte Aristokraten, arteriosklerotische Politiker – falls sie nicht noch regieren –, debile Millionäre, schizophrene Schriftsteller, manisch-depressive Großindustrielle usw., kurz, die ganze geistig verwirrte Elite des halben Abendlandes, denn das Fräulein Doktor ist berühmt, nicht nur weil die bucklige Jungfer in ihrem ewigen Ärztekittel einer mächtigen autochthonen Familie entstammt, deren letzter nennenswerter Sproß sie ist, sondern auch als Menschenfreund und Psychiater von Ruf, man darf ruhig behaupten: von Weltruf (ihr Briefwechsel mit C.G. Jung ist eben erschienen). Doch nun sind die prominenten und nicht immer angenehmen Patienten längst in den eleganten, lichten Neubau übergesiedelt, für die horrenden Preise wird auch die bösartigste Vergangenheit ein reines Vergnügen. Der Neubau breitet sich im südlichen Teil des weitläufigen Parks in verschiedenen Pavillons aus (mit Ernis Glasmalereien in der Kapelle) gegen die Ebene zu, während sich von der Villa der mit riesigen Bäumen bestückte Rasen zum See hinunterläßt. Dem Ufer entlang führt eine Steinmauer. Im Salon der nun schwach bevölkerten Villa halten sich meistens drei Patienten auf, zufälligerweise Physiker, oder doch nicht ganz zufälligerweise, man wendet humane Prinzipien an und läßt beisammen, was zusammengehört. Sie leben für sich, jeder eingesponnen in seine eingebildete Welt, nehmen die Mahlzeiten im Salon gemeinsam ein, diskutieren bisweilen über ihre Wissenschaft oder glotzen still vor sich hin, harmlose, liebenswerte Irre, lenkbar, leicht zu behandeln und anspruchslos. Mit einem Wort, sie gäben wahre Musterpatienten ab, wenn nicht in der letzten Zeit Bedenkliches, ja geradezu Gräßliches vorgekommen wäre: Einer von ihnen erdrosselte vor drei Monaten eine Krankenschwester, und nun hat sich der gleiche Vorfall aufs neue ereignet. So ist denn wieder die Polizei im Hause. Der Salon ist deshalb mehr als üblich bevölkert. Die Krankenschwester liegt auf dem Parkett, in tragischer und definitiver Stellung, mehr im Hintergrund, um das Publikum nicht unnötig zu erschrecken. Doch ist nicht zu übersehen, daß ein Kampf stattgefunden hat. Die Möbel sind beträchtlich durcheinandergeraten. Eine Stehlampe und zwei Sessel liegen auf dem Boden, und links vorne ist ein runder Tisch umgekippt, in der Weise, daß nun die Tischbeine dem Zuschauer entgegenstarren.

Im übrigen hat der Umbau in ein Irrenhaus (die Villa war einst der von Zahndsche Sommersitz) im Salon schmerzliche Spuren hinterlassen. Die Wände sind bis auf Mannshöhe mit hygienischer Lackfarbe überstrichen, dann erst kommt der darunterliegende Gips zum Vorschein, mit zum Teil noch erhaltenen Stukkaturen. Die drei Türen im Hintergrund, die von einer kleinen Halle in die Krankenzimmer der Physiker führen, sind mit schwarzem Leder gepolstert. Außerdem sind sie numeriert eins bis drei. Links neben der Halle ein häßlicher Zentralheizungskörper, rechts ein Lavabo mit Handtüchern an einer Stange.

Aus dem Zimmer Nummer zwei (das mittlere Zimmer)

dringt Geigenspiel mit Klavierbegleitung. Beethoven. ›Kreutzersonate‹. Links befindet sich die Parkfront, die Fenster hoch und bis zum Parkett herunterreichend, das mit Linoleum bedeckt ist. Links und rechts der Fensterfront ein schwerer Vorhang. Die Flügeltüre führt auf eine Terrasse, deren Steingeländer sich vom Park und dem relativ sonnigen Novemberwetter abhebt. Es ist kurz nach halb fünf nachmittags. Rechts über einem nutzlosen Kamin, vor den ein Gitter gestellt ist, hängt das Porträt eines spitzbärtigen alten Mannes in schwerem Goldrahmen. Rechts vorne eine schwere Eichentüre. Von der braunen Kassettendecke schwebt ein schwerer Kronleuchter. Die Möbel: Beim runden Tisch stehen – ist der Salon aufgeräumt – drei Stühle: wie der Tisch weiß gestrichen. Die übrigen Möbel leicht zerschlissen, verschiedene Epochen. Rechts vorne ein Sofa mit Tischchen, von zwei Sesseln flankiert. Die Stehlampe gehört eigentlich hinter das Sofa, das Zimmer ist demnach durchaus nicht überfüllt: Zur Ausstattung einer Bühne, auf der, im Gegensatz zu den Stücken der Alten, das Satyrspiel der Tragödie vorangeht, gehört wenig. Wir können beginnen.

Um die Leiche bemühen sich Kriminalbeamte, zivil kostümiert, seelenruhige, gemütliche Burschen, die schon ihre Portion Weißwein konsumiert haben und danach riechen. Sie messen, nehmen Fingerabdrücke, ziehen die Konturen der Leiche mit Kreide nach usw. In der Mitte des Salons steht Kriminalinspektor Richard Voß, in Hut und Mantel, links Oberschwester Marta Boll, die so resolut aussieht, wie sie heißt und ist. Auf dem Sessel rechts außen sitzt ein Polizist und stenographiert. Der Kriminalinspektor nimmt eine Zigarre aus einem braunen Etui.

INSPEKTOR Man darf doch rauchen?

OBERSCHWESTER Es ist nicht üblich.

INSPEKTOR Pardon. *Er steckt die Zigarre zurück.*

OBERSCHWESTER Eine Tasse Tee?

INSPEKTOR Lieber Schnaps.

OBERSCHWESTER Sie befinden sich in einer Heilanstalt.

INSPEKTOR Dann nichts. Blocher, du kannst photographieren.

BLOCHER Jawohl, Herr Inspektor.

Man photographiert. Blitzlichter.

INSPEKTOR Wie hieß die Schwester?

OBERSCHWESTER Irene Straub.

INSPEKTOR Alter?

OBERSCHWESTER Zweiundzwanzig. Aus Kohlwang.

INSPEKTOR Angehörige?

OBERSCHWESTER Ein Bruder in der Ostschweiz.

INSPEKTOR Benachrichtigt?

OBERSCHWESTER Telephonisch.

INSPEKTOR Der Mörder?

OBERSCHWESTER Bitte, Herr Inspektor – der arme Mensch ist doch krank.

INSPEKTOR Also gut: Der Täter?

OBERSCHWESTER Ernst Heinrich Ernesti. Wir nennen ihn Einstein.

INSPEKTOR Warum?

OBERSCHWESTER Weil er sich für Einstein hält.

INSPEKTOR Ach so. *Er wendet sich zum stenographierenden Polizisten.* Haben Sie die Aussagen der Oberschwester, Guhl?

GUHL Jawohl, Herr Inspektor.

INSPEKTOR Auch erdrosselt, Doktor?

GERICHTSMEDIZINER Eindeutig. Mit der Schnur der Stehlampe. Diese Irren entwickeln oft gigantische Kräfte.
Es hat etwas Großartiges.

INSPEKTOR So. Finden Sie. Dann finde ich es unverant-
wortlich, diese Irren von Schwestern pflegen zu lassen.
Das ist nun schon der zweite Mord –

OBERSCHWESTER Bitte, Herr Inspektor.

INSPEKTOR – der zweite Unglücksfall innert drei Monaten
in der Anstalt ›Les Cerisiers‹. *Er zieht ein Notizbuch
hervor.* Am zwölften August erdrosselte ein Herbert
Georg Beutler, der sich für den großen Physiker Newton hält, die Krankenschwester Dorothea Moser. *Er
steckt das Notizbuch wieder ein.* Auch in diesem Salon.
Mit Pflegern wäre das nie vorgekommen.

OBERSCHWESTER Glauben Sie? Schwester Dorothea Moser
war Mitglied des Damenringvereins und Schwester Irene
Straub Landesmeisterin des nationalen Judoverbandes.

INSPEKTOR Und Sie?

OBERSCHWESTER Ich stemme.

INSPEKTOR Kann ich nun den Mörder –

OBERSCHWESTER Bitte, Herr Inspektor.

INSPEKTOR – den Täter sehen?

OBERSCHWESTER Er geigt.

INSPEKTOR Was heißt: Er geigt?

OBERSCHWESTER Sie hören es ja.

INSPEKTOR Dann soll er bitte aufhören. *Da die Oberschwester nicht reagiert* Ich habe ihn zu vernehmen.

OBERSCHWESTER Geht nicht.

INSPEKTOR Warum geht es nicht?

OBERSCHWESTER Das können wir ärztlich nicht zulassen.
Herr Ernesti muß jetzt geigen.

INSPEKTOR Der Kerl hat schließlich eine Krankenschwester erdrosselt!

OBERSCHWESTER Herr Inspektor. Es handelt sich nicht
um einen Kerl, sondern um einen kranken Menschen,
der sich beruhigen muß. Und weil er sich für Einstein
hält, beruhigt er sich nur, wenn er geigt.

INSPEKTOR Bin ich eigentlich verrückt?

OBERSCHWESTER Nein.

INSPEKTOR Man kommt ganz durcheinander. *Er wischt
sich den Schweiß ab.* Heiß hier.

OBERSCHWESTER Durchaus nicht.

INSPEKTOR Oberschwester Marta. Holen Sie bitte die
Chefärztin.

OBERSCHWESTER Geht auch nicht. Fräulein Doktor
begleitet Einstein auf dem Klavier. Einstein beruhigt
sich nur, wenn Fräulein Doktor ihn begleitet.

INSPEKTOR Und vor drei Monaten mußte Fräulein
Doktor mit Newton Schach spielen, damit der sich
beruhigen konnte. Darauf gehe ich nicht mehr ein,
Oberschwester Marta. Ich muß die Chefärztin einfach
sprechen.

OBERSCHWESTER Bitte. Dann warten Sie eben.

INSPEKTOR Wie lange dauert das Gegeige noch?

OBERSCHWESTER Eine Viertelstunde, eine Stunde. Je
nachdem.

INSPEKTOR *beherrscht sich* Schön. Ich warte. *Er brüllt*
Ich warte!

BLOCHER Wir wären fertig, Herr Inspektor.

INSPEKTOR *dumpf* Und mich macht man fertig.

Stille. Der Inspektor wischt sich den Schweiß ab.

INSPEKTOR Ihr könnt die Leiche hinausschaffen.

BLOCHER Jawohl, Herr Inspektor.

OBERSCHWESTER Ich zeige den Herren den Weg durch den
    Park in die Kapelle.

*Sie öffnet die Flügeltüre. Die Leiche wird hinausgetragen.
Ebenso die Instrumente. Der Inspektor nimmt den Hut
ab, setzt sich erschöpft auf den Sessel links vom Sofa.
Immer noch Geigenspiel, Klavierbegleitung. Da kommt
aus Zimmer Nummer 3 Herbert Georg Beutler in einem
Kostüm des beginnenden achtzehnten Jahrhunderts mit
Perücke.*

NEWTON Sir Isaac Newton.

INSPEKTOR Kriminalinspektor Richard Voß. *Er bleibt
    sitzen.*

NEWTON Erfreut. Sehr erfreut. Wirklich. Ich hörte Ge-
    polter, Stöhnen, Röcheln, dann Menschen kommen
    und gehen. Darf ich fragen, was sich hier abspielt?

INSPEKTOR Schwester Irene Straub wurde erdrosselt.

NEWTON Die Landesmeisterin des nationalen Judover-
    bandes?

INSPEKTOR Die Landesmeisterin.

NEWTON Schrecklich.

INSPEKTOR Von Ernst Heinrich Ernesti.

NEWTON Aber der geigt doch.

INSPEKTOR Er muß sich beruhigen.

NEWTON Der Kampf wird ihn wohl angestrengt haben.
    Er ist ja eher schmächtig. Womit hat er –?

INSPEKTOR Mit der Schnur der Stehlampe.

NEWTON Mit der Schnur der Stehlampe. Auch eine Mög-
    lichkeit. Dieser Ernesti. Er tut mir leid. Außerordent-

lich. Und auch die Judomeisterin tut mir leid. Sie
gestatten. Ich muß etwas aufräumen.

INSPEKTOR Bitte. Der Tatbestand ist aufgenommen.

Newton stellt den Tisch, dann die Stühle auf.

NEWTON Ich ertrage Unordnung nicht. Ich bin eigentlich
nur Physiker aus Ordnungsliebe geworden. *Er stellt
die Stehlampe auf.* Um die scheinbare Unordnung in
der Natur auf eine höhere Ordnung zurückzuführen.
Er zündet sich eine Zigarette an. Stört es Sie, wenn ich
rauche?

INSPEKTOR *freudig* Im Gegenteil, ich – *Er will sich eine
Zigarre aus dem Etui nehmen.*

NEWTON Entschuldigen Sie, doch weil wir gerade von
Ordnung gesprochen haben: Hier dürfen nur die
Patienten rauchen und nicht die Besucher. Sonst wäre
gleich der ganze Salon verpestet.

INSPEKTOR Verstehe. *Er steckt sein Etui wieder ein.*

NEWTON Stört es Sie, wenn ich ein Gläschen Kognak –?

INSPEKTOR Durchaus nicht.

*Newton holt hinter dem Kamingitter eine Kognakflasche
und ein Glas hervor.*

NEWTON Dieser Ernesti. Ich bin ganz durcheinander.
Wie kann ein Mensch nur eine Krankenschwester
erdrosseln! *Er setzt sich aufs Sofa, schenkt sich Kognak
ein.*

INSPEKTOR Dabei haben Sie ja auch eine Krankenschwester erdrosselt.

NEWTON Ich?

INSPEKTOR Schwester Dorothea Moser.

NEWTON Die Ringerin?

INSPEKTOR Am zwölften August. Mit der Vorhangkordel.

NEWTON Aber das ist doch etwas ganz anderes, Herr
Inspektor. Ich bin schließlich nicht verrückt. Auf Ihr
Wohl.

INSPEKTOR Auf das Ihre.

Newton trinkt.

NEWTON Schwester Dorothea Moser. Wenn ich so
zurückdenke. Strohblond. Ungemein kräftig. Biegsam
trotz ihrer Körperfülle. Sie liebte mich, und ich liebte
sie. Das Dilemma war nur durch eine Vorhangkordel
zu lösen.

INSPEKTOR Dilemma?

NEWTON Meine Aufgabe besteht darin, über die Gravitation nachzudenken, nicht ein Weib zu lieben.

INSPEKTOR Begreife.

NEWTON Dazu kam noch der enorme Altersunterschied.

INSPEKTOR Sicher. Sie müssen ja weit über zweihundert
Jahre alt sein.

NEWTON *starrt ihn verwundert an* Wieso?

INSPEKTOR Nun, als Newton –

NEWTON Sind Sie nun vertrottelt, Herr Inspektor, oder
tun Sie nur so?

INSPEKTOR Hören Sie –

NEWTON Sie glauben wirklich, ich sei Newton?

INSPEKTOR Sie glauben es ja.

Newton schaut sich mißtrauisch um.

NEWTON Darf ich Ihnen ein Geheimnis anvertrauen,
Herr Inspektor?

INSPEKTOR Selbstverständlich.

NEWTON Ich bin nicht Sir Isaac. Ich gebe mich nur als Newton aus.

INSPEKTOR Und weshalb?

NEWTON Um Ernesti nicht zu verwirren.

INSPEKTOR Kapiere ich nicht.

NEWTON Im Gegensatz zu mir ist Ernesti doch wirklich krank. Er bildet sich ein, Albert Einstein zu sein.

INSPEKTOR Was hat das mit Ihnen zu tun?

NEWTON Wenn Ernesti nun erführe, daß ich in Wirklichkeit Albert Einstein bin, wäre der Teufel los.

INSPEKTOR Sie wollen damit sagen –

NEWTON Jawohl. Der berühmte Physiker und Begründer der Relativitätstheorie bin ich. Geboren am 14. März 1879 in Ulm.

Der Inspektor erhebt sich etwas verwirrt.

INSPEKTOR Sehr erfreut.

Newton erhebt sich ebenfalls.

NEWTON Nennen Sie mich einfach Albert.

INSPEKTOR Und Sie mich Richard.

Sie schütteln sich die Hände.

NEWTON Ich darf Ihnen versichern, daß ich die ›Kreutzersonate‹ bei weitem schwungvoller hinunterfiedeln würde als Ernst Heinrich Ernsti eben. Das Andante spielt er doch einfach barbarisch.

INSPEKTOR Ich verstehe nichts von Musik.

NEWTON Setzen wir uns.

Er zieht ihn aufs Sofa. Newton legt den Arm um die Schulter des Inspektors.

NEWTON Richard.

INSPEKTOR Albert?

NEWTON Nicht wahr, Sie ärgern sich, mich nicht verhaften zu dürfen?

INSPEKTOR Aber Albert.

NEWTON Möchten Sie mich verhaften, weil ich die Krankenschwester erdrosselt oder weil ich die Atombombe ermöglicht habe?

INSPEKTOR Aber Albert.

NEWTON Wenn Sie da neben der Türe den Schalter drehen, was geschieht, Richard?

INSPEKTOR Das Licht geht an.

NEWTON Sie stellen einen elektrischen Kontakt her. Verstehen Sie etwas von Elektrizität, Richard?

INSPEKTOR Ich bin kein Physiker.

NEWTON Ich verstehe auch wenig davon. Ich stelle nur aufgrund von Naturbeobachtungen eine Theorie darüber auf. Diese Theorie schreibe ich in der Sprache der Mathematik nieder und erhalte mehrere Formeln. Dann kommen die Techniker. Sie kümmern sich nur noch um die Formeln. Sie gehen mit der Elektrizität um wie der Zuhälter mit der Dirne. Sie nützen sie aus. Sie stellen Maschinen her, und brauchbar ist eine Maschine erst dann, wenn sie von der Erkenntnis unabhängig geworden ist, die zu ihrer Erfindung führte. So vermag heute jeder Esel eine Glühbirne zum Leuchten zu bringen – oder eine Atombombe zur

Explosion. *Er klopft dem Inspektor auf die Schulter.*
Und nun wollen Sie mich dafür verhaften, Richard.
Das ist nicht fair.

INSPEKTOR Ich will Sie doch gar nicht verhaften, Albert.

NEWTON Nur weil Sie mich für verrückt halten. Aber
warum weigern Sie sich nicht, Licht anzudrehen, wenn
Sie von Elektrizität nichts verstehen? Sie sind hier der
Kriminelle, Richard. Doch nun muß ich meinen
Kognak versorgen, sonst tobt die Oberschwester
Marta Boll. *Newton versteckt die Kognakflasche wie-
der hinter dem Kaminschirm, läßt jedoch das Glas
stehen.* Leben Sie wohl.

INSPEKTOR Leben Sie wohl, Albert.

NEWTON Sie sollten sich selber verhaften, Richard! *Er
verschwindet wieder im Zimmer Nummer 3.*

INSPEKTOR Jetzt rauche ich einfach.

*Er nimmt kurzentschlossen eine Zigarre aus seinem Etui,
zündet sie an, raucht. Durch die Flügeltüre kommt
Blocher.*

BLOCHER Wir sind fahrbereit, Herr Inspektor.

Der Inspektor stampft auf den Boden.

INSPEKTOR Ich warte! Auf die Chefärztin!

BLOCHER Jawohl, Herr Inspektor.

Der Inspektor beruhigt sich, brummt.

INSPEKTOR Fahr mit der Mannschaft in die Stadt zurück,
Blocher. Ich komme dann nach.

BLOCHER Zu Befehl, Herr Inspektor. *Ab.*

Der Inspektor pafft vor sich hin, erhebt sich, stapft trotzig im Salon herum, bleibt vor dem Porträt über dem Kamin stehen, betrachtet es. Inzwischen hat das Geigen- und Klavierspiel aufgehört. Die Türe von Zimmer Nummer 2 öffnet sich, und Fräulein Doktor Mathilde von Zahnd kommt heraus. Bucklig, etwa fünfundfünfzig, weißer Ärztemantel, Stethoskop.

FRL. DOKTOR Mein Vater, Geheimrat August von Zahnd. Er hauste in dieser Villa, bevor ich sie in ein Sanatorium umwandelte. Ein großer Mann, ein wahrer Mensch. Ich bin sein einziges Kind. Er haßte mich wie die Pest, er haßte überhaupt alle Menschen wie die Pest. Wohl mit Recht, als Wirtschaftsführer taten sich ihm menschliche Abgründe auf, die uns Psychiatern auf ewig verschlossen sind. Wir Irrenärzte bleiben nun einmal hoffnungslos romantische Philanthropen.

INSPEKTOR Vor drei Monaten hing ein anderes Porträt hier.

FRL. DOKTOR Mein Onkel, der Politiker. Kanzler Joachim von Zahnd. *Sie legt die Partitur auf das Tischchen vor dem Sofa.* So. Ernesti hat sich beruhigt. Er warf sich aufs Bett und schlief ein. Wie ein glücklicher Bub. Ich kann wieder aufatmen. Ich befürchtete schon, er geige noch die Dritte Brahms-Sonate. *Sie setzt sich auf den Sessel links vom Sofa.*

INSPEKTOR Entschuldigen Sie, Fräulein Doktor von Zahnd, daß ich hier verbotenerweise rauche, aber –

FRL. DOKTOR Rauchen Sie nur ruhig, Inspektor. Ich

benötige auch dringend eine Zigarette, Oberschwester Marta hin oder her. Geben Sie mir Feuer.

Er gibt ihr Feuer, sie raucht.

FRL. DOKTOR Scheußlich. Die arme Schwester Irene. Ein blitzsauberes junges Ding. *Sie bemerkt das Glas.* Newton?
INSPEKTOR Ich hatte das Vergnügen.
FRL. DOKTOR Ich räume das Glas besser ab.

Der Inspektor kommt ihr zuvor und stellt das Glas hinter das Kamingitter.

FRL. DOKTOR Wegen der Oberschwester.
INSPEKTOR Verstehe.
FRL. DOKTOR Sie haben sich mit Newton unterhalten?
INSPEKTOR Ich entdeckte etwas. *Er setzt sich aufs Sofa.*
FRL. DOKTOR Gratuliere.
INSPEKTOR Newton hält sich in Wirklichkeit auch für Einstein.
FRL. DOKTOR Das erzählt er jedem. In Wahrheit hält er sich aber doch für Newton.
INSPEKTOR *verblüfft* Sind Sie sicher?
FRL. DOKTOR Für wen sich meine Patienten halten, bestimme ich. Ich kenne sie weitaus besser, als sie sich selber kennen.
INSPEKTOR Möglich. Dann sollten Sie uns aber auch helfen, Fräulein Doktor. Die Regierung reklamiert.
FRL. DOKTOR Der Staatsanwalt?
INSPEKTOR Tobt.
FRL. DOKTOR Wie wenn das meine Sorge wäre, Voß.
INSPEKTOR Zwei Morde –

FRL. DOKTOR Bitte, Inspektor.

INSPEKTOR Zwei Unglücksfälle. In drei Monaten. Sie müssen zugeben, daß die Sicherheitsmaßnahmen in Ihrer Anstalt ungenügend sind.

FRL. DOKTOR Wie stellen Sie sich denn diese Sicherheitsmaßnahmen vor, Inspektor? Ich leite eine Heilanstalt, nicht ein Zuchthaus. Sie können schließlich die Mörder auch nicht einsperren, bevor sie morden.

INSPEKTOR Es handelt sich nicht um Mörder, sondern um Verrückte, und die können eben jederzeit morden.

FRL. DOKTOR Gesunde auch und bedeutend öfter. Wenn ich nur an meinen Großvater Leonidas von Zahnd denke, an den Generalfeldmarschall mit seinem verlorenen Krieg. In welchem Zeitalter leben wir denn? Hat die Medizin Fortschritte gemacht oder nicht? Stehen uns neue Mittel zur Verfügung oder nicht, Drogen, die noch aus den Tobsüchtigsten sanfte Lämmer machen? Sollen wir die Kranken wieder in Einzelzellen sperren, womöglich noch in Netzen mit Boxhandschuhen wie früher? Als ob wir nicht imstande wären, gefährliche und ungefährliche Patienten zu unterscheiden.

INSPEKTOR Dieses Unterscheidungsvermögen versagte jedenfalls bei Beutler und Ernesti kraß.

FRL. DOKTOR Leider. Das beunruhigt mich und nicht Ihr tobender Staatsanwalt.

Aus Zimmer Nummer 2 kommt Einstein mit seiner Geige. Hager, schlohweiße lange Haare, Schnurrbart.

EINSTEIN Ich bin aufgewacht.

FRL. DOKTOR Aber, Professor.

EINSTEIN Geigte ich schön?

FRL. DOKTOR Wundervoll, Professor.

EINSTEIN Ist Schwester Irene Straub –

FRL. DOKTOR Denken Sie nicht mehr daran, Professor.

EINSTEIN Ich gehe wieder schlafen.

FRL. DOKTOR Das ist lieb, Professor.

Einstein zieht sich wieder auf sein Zimmer zurück. Der Inspektor ist aufgesprungen.

INSPEKTOR Das war er also!

FRL. DOKTOR Ernst Heinrich Ernesti.

INSPEKTOR Der Mörder –

FRL. DOKTOR Bitte, Inspektor.

INSPEKTOR Der Täter, der sich für Einstein hält. Wann wurde er eingeliefert?

FRL. DOKTOR Vor zwei Jahren.

INSPEKTOR Und Newton?

FRL. DOKTOR Vor einem Jahr. Beide unheilbar. Voß, ich bin, weiß Gott, in meinem Metier keine Anfängerin, das ist Ihnen bekannt und dem Staatsanwalt auch, er hat meine Gutachten immer geschätzt. Mein Sanatorium ist weltbekannt und entsprechend teuer. Fehler kann ich mir nicht leisten und Vorfälle, die mir die Polizei ins Haus bringen, schon gar nicht. Wenn hier jemand versagte, so ist es die Medizin, nicht ich. Diese Unglücksfälle waren nicht vorauszusehen, ebensogut könnten Sie oder ich Krankenschwestern erdrosseln. Es gibt medizinisch keine Erklärung für das Vorgefallene. Es sei denn –

Sie hat sich eine neue Zigarette genommen. Der Inspektor gibt ihr Feuer.

FRL. DOKTOR Inspektor. Fällt Ihnen nichts auf?

INSPEKTOR Inwiefern?

FRL. DOKTOR Denken Sie an die beiden Kranken.

INSPEKTOR Nun?

FRL. DOKTOR Beide sind Physiker. Kernphysiker.

INSPEKTOR Und?

FRL. DOKTOR Sie sind wirklich ein Mensch ohne besonderen Argwohn, Inspektor.

INSPEKTOR *denkt nach* Fräulein Doktor.

FRL. DOKTOR Voß?

INSPEKTOR Sie glauben –?

FRL. DOKTOR Beide untersuchten radioaktive Stoffe.

INSPEKTOR Sie vermuten einen Zusammenhang?

FRL. DOKTOR Ich stelle nur fest, das ist alles. Beide werden wahnsinnig, bei beiden verschlimmert sich die Krankheit, beide werden gemeingefährlich, beide erdrosseln Krankenschwestern.

INSPEKTOR Sie denken an eine – Veränderung des Gehirns durch Radioaktivität?

FRL. DOKTOR Ich muß diese Möglichkeit leider ins Auge fassen.

INSPEKTOR *sieht sich um* Wohin führt diese Türe?

FRL. DOKTOR In die Halle, in den grünen Salon, zum oberen Stock.

INSPEKTOR Wie viele Patienten befinden sich noch hier?

FRL. DOKTOR Drei.

INSPEKTOR Nur?

FRL. DOKTOR Die übrigen wurden gleich nach dem ersten Unglücksfall in das neue Haus übergesiedelt. Ich hatte mir den Neubau zum Glück rechtzeitig leisten können. Reiche Patienten und auch meine Verwandten steuerten bei. Indem sie ausstarben. Meistens hier. Ich war dann Alleinerbin. Schicksal, Voß. Ich bin immer Alleinerbin. Meine Familie ist so alt, daß es beinahe einem kleinen medizinischen Wunder gleichkommt, wenn ich für relativ normal gelten darf, ich meine, was meinen Geisteszustand betrifft.

INSPEKTOR *überlegt* Der dritte Patient?

FRL. DOKTOR Ebenfalls ein Physiker.

INSPEKTOR Merkwürdig. Finden Sie nicht?

FRL. DOKTOR Finde ich gar nicht. Ich sortiere. Die Schriftsteller zu den Schriftstellern, die Großindustriellen zu den Großindustriellen, die Millionärinnen zu den Millionärinnen und die Physiker zu den Physikern.

INSPEKTOR Name?

FRL. DOKTOR Johann Wilhelm Möbius.

INSPEKTOR Hatte auch er mit Radioaktivität zu tun?

FRL. DOKTOR Nichts.

INSPEKTOR Könnte auch er –?

FRL. DOKTOR Er ist seit fünfzehn Jahren hier, harmlos, und sein Zustand blieb unverändert.

INSPEKTOR Fräulein Doktor. Sie kommen nicht darum herum. Der Staatsanwalt verlangt für Ihre Physiker kategorisch Pfleger.

FRL. DOKTOR Er soll sie haben.

INSPEKTOR *greift nach seinem Hut* Schön, es freut mich, daß Sie das einsehen. Ich war nun zweimal in ›Les Cerisiers‹, Fräulein Doktor von Zahnd. Ich hoffe nicht, noch einmal aufzutauchen.

Er setzt sich den Hut auf und geht links durch die Flügeltüre auf die Terrasse und entfernt sich durch den Park. Fräulein Doktor Mathilde von Zahnd sieht ihm nachdenklich nach. Von rechts kommt die Oberschwester Marta Boll, stutzt, schnuppert. In der Hand ein Dossier.

OBERSCHWESTER Bitte, Fräulein Doktor –

FRL. DOKTOR Oh. Entschuldigen Sie. *Sie drückt die Zigarette aus.* Ist Schwester Irene Straub aufgebahrt?

OBERSCHWESTER Unter der Orgel.

FRL. DOKTOR Stellt Kerzen um sie und Kränze.

OBERSCHWESTER Ich habe dem Blumen-Feuz schon angeläutet.

FRL. DOKTOR Wie geht es meiner Tante Senta?

OBERSCHWESTER Unruhig.

FRL. DOKTOR Dosis verdoppeln. Dem Vetter Ulrich?

OBERSCHWESTER Stationär.

FRL. DOKTOR Oberschwester Marta Boll: Ich muß mit einer Tradition von ›Les Cerisiers‹ leider Schluß machen. Ich habe bis jetzt nur Krankenschwestern angestellt, morgen übernehmen Pfleger die Villa.

OBERSCHWESTER Fräulein Doktor Mathilde von Zahnd: Ich lasse mir meine drei Physiker nicht rauben. Sie sind meine interessantesten Fälle.

FRL. DOKTOR Mein Entschluß ist endgültig.

OBERSCHWESTER Ich bin neugierig, woher Sie die Pfleger nehmen. Bei der heutigen Überbeschäftigung.

FRL. DOKTOR Das lassen Sie meine Sorge sein. Ist die Möbius gekommen?

OBERSCHWESTER Sie wartet im grünen Salon.

FRL. DOKTOR Ich lasse bitten.

OBERSCHWESTER Die Krankheitsgeschichte Möbius.

FRL. DOKTOR Danke.

Die Oberschwester übergibt ihr das Dossier, geht dann

*zur Türe rechts hinaus, kehrt sich jedoch vorher noch
einmal um.*

OBERSCHWESTER Aber –
FRL. DOKTOR Bitte, Oberschwester Marta, bitte.

*Oberschwester ab. Frl. Doktor von Zahnd öffnet das
Dossier, studiert es am runden Tisch.*
*Von rechts führt die Oberschwester Frau Rose sowie drei
Knaben von vierzehn, fünfzehn und sechzehn Jahren
herein. Der älteste trägt eine Mappe. Den Schluß bildet
Missionar Rose. Frl. Doktor erhebt sich.*

FRL. DOKTOR Meine liebe Frau Möbius –
FRAU ROSE Rose. Frau Missionar Rose. Ich muß Sie ganz
    grausam überraschen, Fräulein Doktor, aber ich habe
    vor drei Wochen Missionar Rose geheiratet. Vielleicht
    etwas eilig, wir lernten uns im September an einer
    Tagung kennen. *Sie errötet und weist etwas unbeholfen
    auf ihren neuen Mann.* Oskar war Witwer.
FRL. DOKTOR *schüttelt ihr die Hand* Gratuliere, Frau
    Rose, gratuliere von ganzem Herzen. Und auch Ihnen,
    Herr Missionar, alles Gute. *Sie nickt ihm zu.*
FRAU ROSE Sie verstehen unseren Schritt?
FRL. DOKTOR Aber natürlich, Frau Rose. Das Leben hat
    weiterzublühen.
MISSIONAR ROSE Wie still es hier ist! Wie freundlich. Ein
    wahrer Gottesfriede waltet in diesem Hause, so recht
    nach dem Psalmwort: Denn der Herr hört die Armen
    und verachtet seine Gefangenen nicht.
FRAU ROSE Oskar ist nämlich ein guter Prediger, Fräulein
    Doktor. *Sie errötet.* Meine Buben.

FRL. DOKTOR Grüß Gott, ihr Buben.
DIE DREI BUBEN Grüß Gott, Fräulein Doktor.

Der jüngste hat etwas vom Boden aufgenommen.

JÖRG-LUKAS Eine Lampenschnur, Fräulein Doktor. Sie lag auf dem Boden.
FRL. DOKTOR Danke, mein Junge. Prächtige Buben, Frau Rose. Sie dürfen mit Vertrauen in die Zukunft blicken.

Frau Missionar Rose setzt sich aufs Sofa rechts, Frl. Doktor an den Tisch links. Hinter dem Sofa die drei Buben, auf dem Sessel rechts außen Missionar Rose.

FRAU ROSE Fräulein Doktor, ich bringe meine Buben nicht grundlos mit. Oskar übernimmt eine Missionsstation auf den Marianen.
MISSIONAR ROSE Im Stillen Ozean.
FRAU ROSE Und ich halte es für schicklich, wenn meine Buben vor der Abreise ihren Vater kennenlernen. Zum ersten und letzten Mal. Sie waren ja noch klein, als er krank wurde, und nun heißt es vielleicht Abschied für immer zu nehmen.
FRL. DOKTOR Frau Rose, vom ärztlichen Standpunkt aus mögen sich zwar einige Bedenken melden, aber menschlich finde ich Ihren Wunsch begreiflich und gebe die Bewilligung zu diesem Familientreffen gern.
FRAU ROSE Wie geht es meinem Johann Wilhelmlein?
FRL. DOKTOR *blättert im Dossier* Unser guter Möbius macht weder Fort- noch Rückschritte, Frau Rose. Er puppt sich in seine Welt ein.
FRAU ROSE Behauptet er immer noch, daß ihm der König Salomo erscheine?

FRL. DOKTOR Immer noch.

MISSIONAR ROSE Eine traurige, beklagenswerte Verirrung.

FRL. DOKTOR Ihr strammes Urteil erstaunt mich ein wenig, Herr Missionar Rose. Als Theologe müssen Sie doch immerhin mit der Möglichkeit eines Wunders rechnen.

MISSIONAR ROSE Selbstverständlich – aber doch nicht bei einem Geisteskranken.

FRL. DOKTOR Ob die Erscheinungen, welche die Geisteskranken wahrnehmen, wirklich sind oder nicht, darüber hat die Psychiatrie, mein lieber Missionar Rose, nicht zu urteilen. Sie hat sich ausschließlich um den Zustand des Gemüts und der Nerven zu kümmern, und da steht's bei unserem braven Möbius traurig genug, wenn auch die Krankheit einen milden Verlauf nimmt. Helfen? Mein Gott! Eine Insulinkur wäre wieder einmal fällig gewesen, gebe ich zu, doch weil die anderen Kuren erfolglos verlaufen sind, ließ ich sie bleiben. Ich kann leider nicht zaubern, Frau Rose, und unseren braven Möbius gesund päppeln, aber quälen will ich ihn auch nicht.

FRAU ROSE Weiß er, daß ich mich – ich meine, weiß er von der Scheidung?

FRL. DOKTOR Er ist informiert.

FRAU ROSE Begriff er?

FRL. DOKTOR Er interessiert sich kaum mehr für die Außenwelt.

FRAU ROSE Fräulein Doktor. Verstehen Sie mich recht. Ich lernte ihn als fünfzehnjährigen Gymnasiasten im Hause meines Vaters kennen, wo er eine Mansarde gemietet hatte. Er war ein Waisenbub und bitter arm. Ich ermöglichte ihm das Abitur und später das Studium der Physik. An seinem zwanzigsten Geburtstag haben wir geheiratet. Gegen den Willen meiner Eltern. Wir arbeiteten Tag und Nacht. Er schrieb seine Dissertation, und ich übernahm eine Stelle in einem Transportgeschäft. Vier Jahre später kam Adolf-Friedrich, unser Ältester, und dann die beiden andern Buben. Endlich stand eine Professur in Aussicht, wir glaubten aufatmen zu dürfen, da wurde Johann Wilhelm krank, und sein Leiden verschlang Unsummen. Ich trat in eine Schokoladefabrik ein, meine Familie durchzubringen. Bei Tobler. *Sie wischt sich still eine Träne ab.* Ein Leben lang mühte ich mich ab.

Alle sind ergriffen.

FRL. DOKTOR Frau Rose, Sie sind eine mutige Frau.

MISSIONAR ROSE Und eine gute Mutter.

FRAU ROSE Fräulein Doktor. Ich habe bis jetzt Johann Wilhelm den Aufenthalt in Ihrer Anstalt ermöglicht. Die Kosten gingen weit über meine Mittel, aber Gott half immer. Doch nun bin ich finanziell erschöpft. Ich bringe das zusätzliche Geld nicht mehr auf.

FRL. DOKTOR Begreiflich, Frau Rose.

FRAU ROSE Ich fürchte, Sie glauben nun, ich hätte Oskar nur geheiratet, um nicht mehr für Johann Wilhelm aufkommen zu müssen, Fräulein Doktor. Aber das stimmt nicht. Ich habe es jetzt noch schwerer. Oskar bringt sechs Buben in die Ehe mit.

FRL. DOKTOR Sechs?

MISSIONAR ROSE Sechs.

FRAU ROSE Sechs. Oskar ist ein leidenschaftlicher Vater. Doch nun sind neun Kinder zu füttern, und Oskar ist durchaus nicht robust, seine Besoldung kärglich. *Sie weint.*

FRL. DOKTOR Nicht doch, Frau Rose, nicht doch. Keine Tränen.

FRAU ROSE Ich mache mir die heftigsten Vorwürfe, mein armes Johann Wilhelmlein im Stich gelassen zu haben.

FRL. DOKTOR Frau Rose! Sie brauchen sich nicht zu grämen.

FRAU ROSE Johann Wilhelmlein wird jetzt sicher in einer staatlichen Heilanstalt interniert.

FRL. DOKTOR Aber nein, Frau Rose. Unser braver Möbius bleibt hier in der Villa. Ehrenwort. Er hat sich eingelebt und liebe, nette Kollegen gefunden. Ich bin schließlich kein Unmensch.

FRAU ROSE Sie sind so gut zu mir, Fräulein Doktor.

FRL. DOKTOR Gar nicht, Frau Rose, gar nicht. Es gibt nur Stiftungen. Der Oppelfonds für kranke Wissenschafter, die Doktor-Steinemann-Stiftung. Geld liegt wie Heu herum, und es ist meine Pflicht als Ärztin, Ihrem Johann Wilhelmlein davon etwas zuzuschaufeln. Sie sollen mit einem guten Gewissen nach den Marianen dampfen dürfen. Aber nun wollen wir doch unseren guten Möbius mal herholen.

Sie geht nach dem Hintergrund und öffnet die Türe Nummer 1. Frau Rose erhebt sich aufgeregt.

FRL. DOKTOR Lieber Möbius. Sie erhielten Besuch. Verlassen Sie Ihre Physikerklause und kommen Sie.

Aus dem Zimmer Nummer 1 kommt Johann Wilhelm Möbius, ein vierzigjähriger, etwas unbeholfener Mensch.

Er schaut sich unsicher im Zimmer um, betrachtet Frau Rose, dann die Buben, endlich Herrn Missionar Rose, scheint nichts zu begreifen, schweigt.

FRAU ROSE Johann Wilhelm.
DIE BUBEN Papi.

Möbius schweigt.

FRL. DOKTOR Mein braver Möbius, Sie erkennen mir doch noch Ihre Gattin wieder, hoffe ich.
MÖBIUS *starrt Frau Rose an* Lina?
FRL. DOKTOR Es dämmert, Möbius. Natürlich ist es Ihre Lina.
MÖBIUS Grüß dich, Lina.
FRAU ROSE Johann Wilhelmlein, mein liebes, liebes Johann Wilhelmlein.
FRL. DOKTOR So. Es wäre geschafft. Frau Rose, Herr Missionar, wenn Sie mich noch zu sprechen wünschen, stehe ich drüben im Neubau zur Verfügung. *Sie geht durch die Flügeltüre links ab.*
FRAU ROSE Deine Buben, Johann Wilhelm.
MÖBIUS *stutzt* Drei?
FRAU ROSE Aber natürlich, Johann Wilhelm. Drei. *Sie stellt ihm die Buben vor.* Adolf-Friedrich, dein Ältester.

Möbius schüttelt ihm die Hand.

MÖBIUS Freut mich, Adolf-Friedrich, mein Ältester.
ADOLF-FRIEDRICH Grüß dich, Papi.
MÖBIUS Wie alt bist du denn, Adolf-Friedrich?
ADOLF-FRIEDRICH Sechzehn, Papi.

MÖBIUS Was willst du werden?

ADOLF-FRIEDRICH Pfarrer, Papi.

MÖBIUS Ich erinnere mich. Ich führte dich einmal an der Hand über den Sankt-Josephs-Platz. Die Sonne schien grell, und die Schatten waren wie abgezirkelt. *Wendet sich zum nächsten.* Und du – du bist?

WILFRIED-KASPAR Ich heiße Wilfried-Kaspar, Papi.

MÖBIUS Vierzehn?

WILFRIED-KASPAR Fünfzehn. Ich möchte Philosophie studieren.

MÖBIUS Philosophie?

FRAU ROSE Ein besonders frühreifes Kind.

WILFRIED-KASPAR Ich habe Schopenhauer und Nietzsche gelesen.

FRAU ROSE Dein Jüngster, Jörg-Lukas. Vierzehnjährig.

JÖRG-LUKAS Grüß dich, Papi.

MÖBIUS Grüß dich, Jörg-Lukas, mein Jüngster.

FRAU ROSE Er gleicht dir am meisten.

JÖRG-LUKAS Ich will ein Physiker werden, Papi.

MÖBIUS *starrt seinen Jüngsten erschrocken an* Physiker?

JÖRG-LUKAS Jawohl, Papi.

MÖBIUS Das darfst du nicht, Jörg-Lukas. Keinesfalls. Das schlage dir aus dem Kopf. Ich – ich verbiete es dir.

JÖRG-LUKAS *ist verwirrt* Aber du bist doch auch ein Physiker geworden, Papi –

MÖBIUS Ich hätte es nie werden dürfen, Jörg-Lukas. Nie. Ich wäre jetzt nicht im Irrenhaus.

FRAU ROSE Aber Johann Wilhelm, das ist doch ein Irrtum. Du bist in einem Sanatorium, nicht in einem Irrenhaus. Deine Nerven sind einfach angegriffen, das ist alles.

MÖBIUS *schüttelt den Kopf* Nein, Lina. Man hält mich für

verrückt. Alle. Auch du. Und auch meine Buben. Weil
mir der König Salomo erscheint.

*Alle schweigen verlegen. Frau Rose stellt Missionar Rose
vor.*

FRAU ROSE Hier stelle ich dir Oskar Rose vor, Johann
   Wilhelm. Meinen Mann. Er ist Missionar.
MÖBIUS Dein Mann? Aber ich bin doch dein Mann.
FRAU ROSE Nicht mehr, Johann Wilhelmlein. *Sie errötet.*
   Wir sind doch geschieden.
MÖBIUS Geschieden?
FRAU ROSE Das weißt du doch.
MÖBIUS Nein.
FRAU ROSE Fräulein Doktor von Zahnd teilte es dir mit.
   Ganz bestimmt.
MÖBIUS Möglich.
FRAU ROSE Und dann heiratete ich eben Oskar. Er hat
   sechs Buben. Er war Pfarrer in Guttannen und hat nun
   eine Stelle auf den Marianen angenommen.
MISSIONAR ROSE Im Stillen Ozean.
FRAU ROSE Wir schiffen uns übermorgen in Bremen ein.

Möbius schweigt, die anderen sind verlegen.

FRAU ROSE Ja. So ist es eben.
MÖBIUS *nickt Missionar Rose zu* Es freut mich, den neuen
   Vater meiner Buben kennenzulernen, Herr Missionar.
MISSIONAR ROSE Ich habe sie fest in mein Herz geschlossen, Herr Möbius, alle drei. Gott wird uns helfen,
   nach dem Psalmwort: Der Herr ist mein Hirte, mir
   wird nichts mangeln.

FRAU ROSE Oskar kennt alle Psalmen auswendig. Die Psalmen Davids, die Psalmen Salomos.

MÖBIUS Ich bin froh, daß die Buben einen tüchtigen Vater gefunden haben. Ich bin ein ungenügender Vater gewesen.

FRAU ROSE Aber Johann Wilhelmlein.

MÖBIUS Ich gratuliere von ganzem Herzen.

FRAU ROSE Wir müssen bald aufbrechen.

MÖBIUS Nach den Marianen.

FRAU ROSE Abschied voneinander nehmen.

MÖBIUS Für immer.

FRAU ROSE Deine Buben sind bemerkenswert musikalisch, Johann Wilhelm. Sie spielen sehr begabt Blockflöte. Spielt eurem Papi zum Abschied etwas vor, Buben.

DIE BUBEN Jawohl, Mami.

Adolf-Friedrich öffnet die Mappe, verteilt die Blockflöten.

FRAU ROSE Nimm Platz, Johann Wilhelmlein.

Möbius nimmt am runden Tisch Platz. Frau Rose und Missionar Rose setzen sich aufs Sofa. Die Buben stellen sich in der Mitte des Salons auf.

JÖRG-LUKAS Etwas von Buxtehude.

ADOLF-FRIEDRICH Eins, zwei, drei.

Die Buben spielen Blockflöte.

FRAU ROSE Inniger, Buben, inniger.

Die Buben spielen inniger. Möbius springt auf.

MÖBIUS Lieber nicht! Bitte, lieber nicht!

Die Buben halten verwirrt inne.

MÖBIUS Spielt nicht weiter. Bitte. Salomo zuliebe. Spielt
nicht weiter.
FRAU ROSE Aber Johann Wilhelm!
MÖBIUS Bitte, nicht mehr spielen. Bitte, nicht mehr spielen. Bitte, bitte.
MISSIONAR ROSE Herr Möbius. Gerade der König Salomo
wird sich über das Flötenspiel dieser unschuldigen
Knaben freuen. Denken Sie doch: Salomo, der Psal-
mendichter, Salomo, der Sänger des Hohen Liedes!
MÖBIUS Herr Missionar. Ich kenne Salomo von Angesicht zu Angesicht. Er ist nicht mehr der große goldene
König, der Sulamith besingt und die Rehzwillinge, die
unter Rosen weiden, er hat seinen Purpurmantel von
sich geworfen –

*Möbius eilt mit einem Male an der erschrockenen Familie
vorbei nach hinten zu seinem Zimmer und reißt die Türe
auf.*

MÖBIUS – nackt und stinkend kauert er in meinem Zimmer als der arme König der Wahrheit, und seine
Psalmen sind schrecklich. Hören Sie gut zu, Missionar, Sie lieben Psalmworte, kennen sie alle, lernen Sie
auch die auswendig:

*Er ist zum runden Tisch links gegangen, kehrt ihn um,
steigt hinein, setzt sich.*

MÖBIUS

> Ein Psalm Salomos, den Weltraumfahrern zu singen.
> Wir hauten ins Weltall ab.
> Zu den Wüsten des Monds. Versanken in ihrem Staub.
> Lautlos verreckten
> Manche schon da. Doch die meisten verkochten
> In den Bleidämpfen des Merkurs, lösten sich auf
> In den Ölpfützen der Venus, und
> Sogar auf dem Mars fraß uns die Sonne,
> Donnernd, radioaktiv und gelb.

FRAU ROSE Aber Johann Wilhelm –

MÖBIUS

> Jupiter stank,
> Ein pfeilschnell rotierender Methanbrei,
> Hing er so mächtig über uns,
> Daß wir Ganymed vollkotzten.

MISSIONAR ROSE Herr Möbius –

MÖBIUS

> Saturn bedachten wir mit Flüchen.
> Was dann weiter kam, nicht der Rede wert:
> Uranus, Neptun
> Graugrünlich erfroren,
> Über Pluto und Transpluto fielen die letzten
> Unanständigen Witze.

BUBEN Papi –

MÖBIUS

> Hatten wir doch längst die Sonne mit Sirius ver-
> wechselt,
> Sirius mit Kanopus,
> Abgetrieben, trieben wir in die Tiefen hinauf
> Einigen weißen Sternen zu,
> Die wir gleichwohl nie erreichten,

FRAU ROSE Johann Wilhelmlein! Mein liebes Johann Wilhelmlein!

MÖBIUS

Längst schon Mumien in unseren Schiffen
Verkrustet von Unrat:

*Die Oberschwester kommt mit Schwester Monika von
rechts.*

OBERSCHWESTER Aber Herr Möbius.

MÖBIUS

In den Fratzen kein Erinnern mehr
An die atmende Erde.

*Er sitzt starr, das Gesicht maskenhaft, im umgekehrten
Tisch.*

FRAU ROSE Johann Wilhelmlein.

MÖBIUS Packt euch nun nach den Marianen fort!

DIE BUBEN Papi –

MÖBIUS Packt euch fort! Schleunigst! Nach den Marianen! *Er erhebt sich drohend.*

Die Familie Rose ist verwirrt.

OBERSCHWESTER Kommt, Frau Rose, kommt, ihr Buben
und Herr Missionar. Er muß sich beruhigen, das ist alles.

MÖBIUS Hinaus mit euch! Hinaus!

OBERSCHWESTER Ein leichter Anfall. Schwester Monika
wird bei ihm bleiben, wird ihn beruhigen. Ein leichter
Anfall.

MÖBIUS Schiebt ab! Für immer! Nach dem Stillen Ozean!

JÖRG-LUKAS Adieu, Papi! Adieu!

*Die Oberschwester führt die bestürzte und weinende
Familie nach rechts hinaus. Möbius schreit ihnen hemmungslos nach.*

MÖBIUS Ich will euch nie mehr sehen! Ihr habt den König
Salomo beleidigt! Ihr sollt verflucht sein! Ihr sollt mit
den ganzen Marianen im Marianengraben versaufen!
Elftausend Meter tief. Im schwärzesten Loch des Meeres sollt ihr verfaulen, von Gott vergessen und den
Menschen!
SCHWESTER MONIKA Wir sind allein. Ihre Familie hört Sie
nicht mehr.

*Möbius starrt Schwester Monika verwundert an, scheint
sich endlich zu finden.*

MÖBIUS Ach so, natürlich.

Schwester Monika schweigt. Er ist etwas verlegen.

MÖBIUS Ich war wohl etwas heftig?
SCHWESTER MONIKA Ziemlich.
MÖBIUS Ich mußte die Wahrheit sagen.
SCHWESTER MONIKA Offenbar.
MÖBIUS Ich regte mich auf.
SCHWESTER MONIKA Sie verstellten sich.
MÖBIUS Sie durchschauen mich?
SCHWESTER MONIKA Ich pflege Sie nun zwei Jahre.
MÖBIUS *geht auf und ab, bleibt dann stehen* Gut. Ich gebe
es zu. Ich spielte den Wahnsinnigen.
SCHWESTER MONIKA Weshalb?
MÖBIUS Um von meiner Frau Abschied zu nehmen und
von meinen Buben. Abschied für immer.

SCHWESTER MONIKA Auf diese schreckliche Weise?

MÖBIUS Auf diese humane Weise. Die Vergangenheit löscht man am besten mit einem wahnsinnigen Betragen aus, wenn man sich schon im Irrenhaus befindet: Meine Familie kann mich nun mit gutem Gewissen vergessen. Mein Auftritt hat ihr die Lust genommen, mich noch einmal aufzusuchen. Die Folgen meinerseits sind unwichtig, nur das Leben außerhalb der Anstalt zählt. Verrücktsein kostet. Fünfzehn Jahre zahlte meine gute Lina bestialische Summen, ein Schlußstrich mußte endlich gezogen werden. Der Augenblick war günstig. Salomo hat mir offenbart, was zu offenbaren war, das System aller möglichen Erfindungen ist abgeschlossen, die letzten Seiten sind diktiert, und meine Frau hat einen neuen Gatten gefunden, den kreuzbraven Missionar Rose, Sie dürfen beruhigt sein, Schwester Monika. Es ist nun alles in Ordnung. *Er will abgehen.*

SCHWESTER MONIKA Sie handeln planmäßig.

MÖBIUS Ich bin Physiker. *Er wendet sich seinem Zimmer zu.*

SCHWESTER MONIKA Herr Möbius.

MÖBIUS *bleibt stehen* Schwester Monika?

SCHWESTER MONIKA Ich habe mit Ihnen zu reden.

MÖBIUS Bitte.

SCHWESTER MONIKA Es geht um uns beide.

MÖBIUS Nehmen wir Platz.

Sie setzen sich. Sie aufs Sofa, er auf den Sessel links davon.

SCHWESTER MONIKA Auch wir müssen voneinander Abschied nehmen. Auch für immer.

MÖBIUS *erschrickt* Sie verlassen mich?

SCHWESTER MONIKA Befehl.

MÖBIUS Was ist geschehen?

SCHWESTER MONIKA Man versetzt mich ins Hauptgebäude. Morgen übernehmen hier Pfleger die Bewachung. Eine Krankenschwester darf diese Villa nicht mehr betreten.

MÖBIUS Newtons und Einsteins wegen?

SCHWESTER MONIKA Auf Verlangen des Staatsanwalts. Die Chefärztin befürchtete Schwierigkeiten und gab nach.

Schweigen.

MÖBIUS *niedergeschlagen* Schwester Monika, ich bin unbeholfen. Ich verlernte es, Gefühle auszudrücken, die Fachsimpeleien mit den beiden Kranken, neben denen ich lebe, sind ja kaum Gespräche zu nennen. Ich bin verstummt, ich fürchte, auch innerlich. Doch Sie sollen wissen, daß für mich alles anders geworden ist, seit ich Sie kenne. Erträglicher. Nun, auch diese Zeit ist vorüber. Zwei Jahre, in denen ich etwas glücklicher war als sonst. Weil ich durch Sie, Schwester Monika, den Mut gefunden habe, meine Abgeschlossenheit und mein Schicksal als – Verrückter – auf mich zu nehmen. Leben Sie wohl. *Er steht auf und will ihr die Hand reichen.*

SCHWESTER MONIKA Herr Möbius, ich halte Sie nicht für – verrückt.

MÖBIUS *lacht, setzt sich wieder* Ich mich auch nicht. Aber das ändert nichts an meiner Lage. Ich habe das Pech, daß mir der König Salomo erscheint. Es gibt nun einmal nichts Anstößigeres als ein Wunder im Reiche der Wissenschaft.

SCHWESTER MONIKA Herr Möbius, ich glaube an dieses Wunder.

MÖBIUS *starrt sie fassungslos an* Sie glauben?

SCHWESTER MONIKA An den König Salomo.

MÖBIUS Daß er mir erscheint?

SCHWESTER MONIKA Daß er Ihnen erscheint.

MÖBIUS Jeden Tag, jede Nacht?

SCHWESTER MONIKA Jeden Tag, jede Nacht.

MÖBIUS Daß er mir die Geheimnisse der Natur diktiert? Den Zusammenhang aller Dinge? Das System aller möglichen Erfindungen?

SCHWESTER MONIKA Ich glaube daran. Und wenn Sie erzählten, auch noch der König David erscheine Ihnen mit seinem Hofstaat, würde ich es glauben. Ich weiß einfach, daß Sie nicht krank sind. Ich fühle es.

Stille. Dann springt Möbius auf.

MÖBIUS Schwester Monika! Gehen Sie!

SCHWESTER MONIKA *bleibt sitzen* Ich bleibe.

MÖBIUS Ich will Sie nie mehr sehen.

SCHWESTER MONIKA Sie haben mich nötig. Sie haben sonst niemand mehr auf der Welt. Keinen Menschen.

MÖBIUS Es ist tödlich, an den König Salomo zu glauben.

SCHWESTER MONIKA Ich liebe Sie.

Möbius starrt Schwester Monika ratlos an, setzt sich wieder, Stille.

MÖBIUS *leise, niedergeschlagen* Sie rennen in Ihr Verderben.

SCHWESTER MONIKA Ich fürchte nicht für mich, ich

fürchte für Sie. Newton und Einstein sind gefährlich.

MÖBIUS Ich komme mit ihnen aus.

SCHWESTER MONIKA Auch Schwester Dorothea und Schwester Irene kamen mit ihnen aus. Und dann kamen sie um.

MÖBIUS Schwester Monika. Sie haben mir Ihren Glauben und Ihre Liebe gestanden. Sie zwingen mich, Ihnen nun auch die Wahrheit zu sagen. Ich liebe Sie ebenfalls, Monika.

Sie starrt ihn an.

MÖBIUS Mehr als mein Leben. Und darum sind Sie in Gefahr. Weil wir uns lieben.

Aus Zimmer Nummer 2 kommt Einstein, raucht eine Pfeife.

EINSTEIN Ich bin wieder aufgewacht.

SCHWESTER MONIKA Aber Herr Professor.

EINSTEIN Ich erinnerte mich plötzlich.

SCHWESTER MONIKA Aber Herr Professor.

EINSTEIN Ich erdrosselte Schwester Irene.

SCHWESTER MONIKA Denken Sie nicht mehr daran, Herr Professor.

EINSTEIN *betrachtet seine Hände* Ob ich noch jemals fähig bin, Geige zu spielen?

Möbius erhebt sich, wie um Monika zu schützen.

MÖBIUS Sie geigten ja schon wieder.

EINSTEIN Passabel?

MÖBIUS Die ›Kreutzersonate‹. Während die Polizei da war.

EINSTEIN Die ›Kreutzersonate‹. Gott sei Dank. *Seine Miene hat sich aufgeklärt, verdüstert sich aber wieder.* Dabei geige ich gar nicht gern, und die Pfeife liebe ich auch nicht. Sie schmeckt scheußlich.

MÖBIUS Dann lassen Sie es sein.

EINSTEIN Kann ich doch nicht. Als Albert Einstein. *Er schaut die beiden scharf an.* Ihr liebt einander?

SCHWESTER MONIKA Wir lieben uns.

Einstein geht nachdenklich hinaus in den Hintergrund, wo die ermordete Schwester lag, betrachtet die Kreidezeichnung am Boden.

EINSTEIN Auch Schwester Irene und ich liebten uns. Sie wollte alles für mich tun, die Schwester Irene. Ich warnte sie. Ich schrie sie an. Ich behandelte sie wie einen Hund. Ich flehte sie an zu fliehen. Vergeblich. Sie blieb. Sie wollte mit mir aufs Land ziehen. Nach Kohlwang. Sie wollte mich heiraten. Sogar die Bewilligung hatte sie schon. Von Fräulein Doktor von Zahnd. Da erdrosselte ich sie. Die arme Schwester Irene. Es gibt nichts Unsinnigeres auf der Welt als die Raserei, mit der sich die Weiber aufopfern.

SCHWESTER MONIKA *geht zu ihm* Legen Sie sich wieder hin, Professor.

EINSTEIN Sie dürfen mich Albert nennen.

SCHWESTER MONIKA Seien Sie vernünftig, Albert.

EINSTEIN Seien Sie vernünftig, Schwester Monika. Gehorchen Sie Ihrem Geliebten und fliehen Sie! Sonst sind Sie verloren. *Er wendet sich wieder dem Zimmer Nummer 2 zu.* Ich gehe wieder schlafen. *Er verschwindet in Nummer 2.*

SCHWESTER MONIKA Der arme irre Mensch.

MÖBIUS Er sollte Sie endlich von der Unmöglichkeit überzeugt haben, mich zu lieben.

SCHWESTER MONIKA Sie sind nicht verrückt.

MÖBIUS Es wäre vernünftiger, Sie hielten mich dafür. Fliehen Sie! Machen Sie sich aus dem Staub! Hauen Sie ab! Sonst muß ich Sie auch noch wie einen Hund behandeln.

SCHWESTER MONIKA Behandeln Sie mich lieber wie eine Geliebte.

MÖBIUS Kommen Sie, Monika. *Er führt sie zu einem Sessel, setzt sich ihr gegenüber, ergreift ihre Hände.* Hören Sie zu. Ich habe einen schweren Fehler begangen. Ich habe mein Geheimnis verraten, ich habe Salomos Erscheinung nicht verschwiegen. Dafür läßt er mich büßen. Lebenslänglich. In Ordnung. Aber Sie sollen nicht auch noch dafür bestraft werden. In den Augen der Welt lieben Sie einen Geisteskranken. Sie laden nur Unglück auf sich. Verlassen Sie die Anstalt, vergessen Sie mich. So ist es am besten für uns beide.

SCHWESTER MONIKA Begehren Sie mich?

MÖBIUS Warum reden Sie so mit mir?

SCHWESTER MONIKA Ich will mit Ihnen schlafen, ich will Kinder von Ihnen haben. Ich weiß, ich rede schamlos. Aber warum schauen Sie mich nicht an? Gefalle ich Ihnen denn nicht? Ich gebe zu, meine Schwesterntracht ist gräßlich. *Sie reißt sich die Haube vom Haar.* Ich hasse meinen Beruf! Fünf Jahre habe ich nun die Kranken gepflegt, im Namen der Nächstenliebe. Ich habe mein Gesicht nie abgewendet, ich war für alle da, ich habe mich aufgeopfert. Aber nun will ich mich für jemanden allein aufopfern, für jemanden allein dasein, nicht immer für andere. Ich will für meinen Geliebten dasein. Für Sie. Ich will alles tun, was Sie von mir verlangen, für Sie arbeiten Tag und Nacht, nur fortschikken dürfen Sie mich nicht! Ich habe doch auch niemanden mehr auf der Welt als Sie! Ich bin doch auch allein!

MÖBIUS Monika. Ich muß Sie fortschicken.

SCHWESTER MONIKA *verzweifelt* Liebst du mich denn gar nicht?

MÖBIUS Ich liebe dich, Monika. Mein Gott, ich liebe dich, das ist ja das Wahnsinnige.

SCHWESTER MONIKA Warum verrätst du mich denn? Und nicht nur mich. Du behauptest, der König Salomo erscheine dir. Warum verrätst du auch ihn?

MÖBIUS *ungeheuer erregt, packt sie* Monika! Du darfst alles von mir glauben, mich für einen Schwächling halten. Dein Recht. Ich bin unwürdig deiner Liebe. Aber Salomo bin ich treu geblieben. Er ist in mein Dasein eingebrochen, auf einmal, ungerufen, er hat mich mißbraucht, mein Leben zerstört, aber ich habe ihn nicht verraten.

SCHWESTER MONIKA Bist du sicher?

MÖBIUS Du zweifelst?

SCHWESTER MONIKA Du glaubst, dafür büßen zu müssen, weil du sein Erscheinen nicht verschwiegen hast. Aber vielleicht büßt du dafür, weil du dich für seine Offenbarung nicht einsetzt.

MÖBIUS *läßt sie fahren* Ich – verstehe dich nicht.

SCHWESTER MONIKA Er diktiert dir das System aller möglichen Erfindungen. Kämpfst du für seine Anerkennung?

MÖBIUS Man hält mich doch für verrückt.

SCHWESTER MONIKA Warum bist du so mutlos?

MÖBIUS Mut ist in meinem Falle ein Verbrechen.

SCHWESTER MONIKA Johann Wilhelm. Ich sprach mit Fräulein Doktor von Zahnd.

MÖBIUS *starrt sie an* Du sprachst?

SCHWESTER MONIKA Du bist frei.

MÖBIUS Frei?

SCHWESTER MONIKA Wir dürfen heiraten.

MÖBIUS Mein Gott.

SCHWESTER MONIKA Fräulein Doktor von Zahnd hat schon alles geregelt. Sie hält dich zwar für krank, aber für ungefährlich. Und für erblich nicht belastet. Sie selbst sei verrückter als du, erklärte sie und lachte.

MÖBIUS Das ist lieb von ihr.

SCHWESTER MONIKA Ist sie nicht ein prächtiger Mensch?

MÖBIUS Sicher.

SCHWESTER MONIKA Johann Wilhelm! Ich habe den Posten einer Gemeindeschwester in Blumenstein angenommen. Ich habe gespart. Wir brauchen uns nicht zu sorgen. Wir brauchen uns nur liebzuhaben.

Möbius hat sich erhoben. Im Zimmer wird es allmählich dunkel.

SCHWESTER MONIKA Ist es nicht wunderbar?

MÖBIUS Gewiß.

SCHWESTER MONIKA Du freust dich nicht.

MÖBIUS Es kommt so unerwartet.

SCHWESTER MONIKA Ich habe noch mehr getan.

MÖBIUS Das wäre?

SCHWESTER MONIKA Mit dem berühmten Physiker Professor Scherbert gesprochen.

MÖBIUS Er war mein Lehrer.

SCHWESTER MONIKA Er erinnerte sich genau. Du seist sein
bester Schüler gewesen.

MÖBIUS Und was besprachst du mit ihm?

SCHWESTER MONIKA Er versprach mir, deine Manuskripte
unvoreingenommen zu prüfen.

MÖBIUS Erklärtest du ihm auch, daß sie von Salomo
stammen?

SCHWESTER MONIKA Natürlich.

MÖBIUS Und?

SCHWESTER MONIKA Er lachte. Du seist immer ein toller
Spaßvogel gewesen. Johann Wilhelm! Wir haben nicht
nur an uns zu denken. Du bist auserwählt. Salomo ist
dir erschienen, offenbarte sich dir in seinem Glanz, die
Weisheit des Himmels wurde dir zuteil. Nun hast du
den Weg zu gehen, den das Wunder befiehlt, unbeirrbar, auch wenn der Weg durch Spott und Gelächter
führt, durch Unglauben und Zweifel. Aber er führt aus
dieser Anstalt. Johann Wilhelm, er führt in die Öffentlichkeit, nicht in die Einsamkeit, er führt in den
Kampf. Ich bin da, dir zu helfen, mit dir zu kämpfen,
der Himmel, der dir Salomo schickte, schickte auch
mich.

Möbius starrt zum Fenster hinaus.

SCHWESTER MONIKA Liebster.

MÖBIUS Geliebte?

SCHWESTER MONIKA Bist du nicht froh?

MÖBIUS Sehr.

SCHWESTER MONIKA Wir müssen nun deine Koffer pak-
ken. Acht Uhr zwanzig geht der Zug. Nach Blumenstein. *Sie geht ins Zimmer Nummer 1.*

MÖBIUS *allein* Viel ist ja nicht.

*Aus dem Zimmer Nummer 1 kommt Monika mit einem
Stapel Manuskripte.*

SCHWESTER MONIKA Deine Manuskripte. *Legt sie auf den
Tisch.* Es ist dunkel geworden.
MÖBIUS Die Nacht kommt jetzt früh.
SCHWESTER MONIKA Ich mache Licht. Dann packe ich
deinen Koffer.
MÖBIUS Warte noch. Komm zu mir.

*Sie geht zu ihm. Nur noch die beiden Silhouetten sind
sichtbar.*

SCHWESTER MONIKA Du hast Tränen in den Augen.
MÖBIUS Du auch.
SCHWESTER MONIKA Vor Glück.

*Er reißt den Vorhang herunter und über sie. Kurzer
Kampf. Die Silhouetten sind nicht mehr sichtbar. Dann
Stille. Die Türe von Zimmer Nummer 3 öffnet sich. Ein
Lichtstrahl dringt in den Raum. Newton steht in der Türe
im Kostüm seines Jahrhunderts. Möbius geht zum Tisch,
nimmt die Manuskripte zu sich.*

NEWTON Was ist geschehen?
MÖBIUS *geht in sein Zimmer* Ich habe Schwester Monika
Stettler erdrosselt.

Aus Zimmer Nummer 2 hört man Einstein geigen.

NEWTON Da geigt Einstein wieder. Kreisler. ›Schön Ros-
marin‹. *Er geht zum Kamin, holt den Kognak.*

Zweiter Akt

Eine Stunde später, der gleiche Raum. Draußen Nacht. Wieder Polizei. Wieder messen, aufzeichnen, photographieren. Nur ist jetzt die für das Publikum unsichtbare Leiche der Monika Stettler hinten rechts unter dem Fenster anzunehmen. Der Salon ist erleuchtet. Der Lüster brennt, die Stehlampe. Auf dem Sofa sitzt Frl. Doktor Mathilde von Zahnd, düster, in sich versunken. Auf dem kleinen Tisch vor ihr eine Zigarrenkiste, auf dem Sessel rechts außen Guhl mit Stenoblock. Inspektor Voß wendet sich in Hut und Mantel von der Leiche ab, kommt nach vorne.

FRL. DOKTOR Eine Havanna?
INSPEKTOR Nein, danke.
FRL. DOKTOR Schnaps?
INSPEKTOR Später.

Schweigen.

INSPEKTOR Blocher, du kannst jetzt photographieren.
BLOCHER Jawohl, Herr Inspektor.

Man photographiert. Blitzlichter.

INSPEKTOR Wie hieß die Schwester?
FRL. DOKTOR Monika Stettler.

INSPEKTOR Alter?

FRL. DOKTOR Fünfundzwanzig. Aus Blumenstein.

INSPEKTOR Angehörige?

FRL. DOKTOR Keine.

INSPEKTOR Haben Sie die Aussagen, Guhl?

GUHL Jawohl, Herr Inspektor.

INSPEKTOR Wieder erdrosselt, Doktor?

GERICHTSMEDIZINER Eindeutig. Wieder mit Riesenkräften. Nur diesmal mit der Vorhangkordel.

INSPEKTOR Wie vor drei Monaten. *Er setzt sich müde auf den Sessel rechts vorne.*

FRL. DOKTOR Möchten Sie nun den Mörder –

INSPEKTOR Bitte, Fräulein Doktor.

FRL. DOKTOR Ich meine, den Täter sehen?

INSPEKTOR Ich denke nicht daran.

FRL. DOKTOR Aber –

INSPEKTOR Fräulein Doktor von Zahnd. Ich tue meine Pflicht, nehme Protokoll, besichtige die Leiche, lasse sie photographieren und durch unseren Gerichtsmediziner begutachten, aber Möbius besichtige ich nicht. Den überlasse ich Ihnen. Endgültig. Mit den andern radioaktiven Physikern.

FRL. DOKTOR Der Staatsanwalt?

INSPEKTOR Tobt nicht einmal mehr. Brütet.

FRL. DOKTOR *wischt sich den Schweiß ab* Heiß hier.

INSPEKTOR Durchaus nicht.

FRL. DOKTOR Dieser dritte Mord –

INSPEKTOR Bitte, Fräulein Doktor.

FRL. DOKTOR Dieser dritte Unglücksfall hat mir in ›Les Cerisiers‹ gerade noch gefehlt. Ich kann abdanken. Monika Stettler war meine beste Pflegerin. Sie verstand die Kranken. Sie konnte sich einfühlen. Ich liebte sie wie eine Tochter. Aber ihr Tod ist noch nicht das Schlimmste. Mein medizinischer Ruf ist dahin.

INSPEKTOR Der kommt schon wieder. Blocher, mach noch eine Aufnahme von oben.

BLOCHER Jawohl, Herr Inspektor.

Von rechts schieben zwei riesenhafte Pfleger einen Wagen mit Geschirr und Essen herein. Einer der Pfleger ist ein Neger. Sie sind von einem ebenso riesenhaften Oberpfleger begleitet.

OBERPFLEGER Das Abendbrot für die lieben Kranken, Fräulein Doktor.

INSPEKTOR *springt auf* Uwe Sievers.

OBERPFLEGER Richtig, Herr Inspektor. Uwe Sievers. Ehemaliger Europameister im Schwergewichtsboxen. Nun Oberpfleger in ›Les Cerisiers‹.

INSPEKTOR Und die zwei andern Ungeheuer?

OBERPFLEGER Murillo, südamerikanischer Meister, auch im Schwergewicht, und McArthur – *er zeigt auf den Neger* – nordamerikanischer Meister, Mittelgewicht. Stell den Tisch auf, McArthur.

McArthur stellt den Tisch auf.

OBERPFLEGER Das Tischtuch, Murillo.

Murillo breitet ein weißes Tuch über den Tisch.

OBERPFLEGER Das Meißner Porzellan, McArthur.

McArthur verteilt das Geschirr.

OBERPFLEGER Das Silberbesteck, Murillo.

Murillo verteilt das Besteck.

OBERPFLEGER Die Suppenschüssel in die Mitte, McArthur.

McArthur stellt die Suppenschüssel auf den Tisch.

INSPEKTOR Was kriegen denn unsere lieben Kranken? *Er hebt den Deckel der Suppenschüssel hoch.* Leberknödelsuppe.

OBERPFLEGER Poulet à la broche, Cordon bleu.

INSPEKTOR Phantastisch.

OBERPFLEGER Erste Klasse.

INSPEKTOR Ich bin ein Beamter vierzehnter Klasse, da geht's zu Hause weniger kulinarisch zu.

OBERPFLEGER Es ist angerichtet, Fräulein Doktor.

FRL. DOKTOR Sie können gehen, Sievers. Die Patienten bedienen sich selbst.

OBERPFLEGER Herr Inspektor, wir hatten die Ehre.

Die drei verbeugen sich und gehen nach rechts hinaus.

INSPEKTOR *sieht ihnen nach* Donnerwetter.

FRL. DOKTOR Zufrieden?

INSPEKTOR Neidisch. Wenn wir die bei der Polizei hätten –

FRL. DOKTOR Die Gagen sind astronomisch.

INSPEKTOR Mit Ihren Schlotbaronen und Multimillionärinnen können Sie sich das ja leisten. Die Burschen werden den Staatsanwalt endlich beruhigen. Denen entkommt keiner.

Im Zimmer Nummer 2 hört man Einstein geigen.

FRL. DOKTOR Wieder die ›Kreutzersonate‹.
INSPEKTOR Ich weiß. Das Andante.
BLOCHER Wir wären fertig, Herr Inspektor.
INSPEKTOR Dann schafft wieder mal die Leiche hinaus.

Zwei Polizisten heben die Leiche hoch. Da stürzt Möbius aus Zimmer Nummer 1.

MÖBIUS Monika! Meine Geliebte!

Die Polizisten mit der Leiche bleiben stehen, Fräulein Doktor erhebt sich majestätisch.

FRL. DOKTOR Möbius! Wie konnten Sie das tun? Sie haben meine beste Krankenschwester getötet, meine sanfteste Krankenschwester, meine süßeste Krankenschwester!
MÖBIUS Es tut mir ja so leid, Fräulein Doktor.
FRL. DOKTOR Leid.
MÖBIUS König Salomo befahl es.
FRL. DOKTOR Der König Salomo... *Sie setzt sich wieder. Schwerfällig. Bleich* Seine Majestät ordnete den Mord an.
MÖBIUS Ich stand am Fenster und starrte in den dunklen Abend. Da schwebte der König vom Park her über die Terrasse ganz nahe an mich heran und flüsterte mir durch die Scheibe den Befehl zu.
FRL. DOKTOR Entschuldigen Sie, Voß. Meine Nerven.
INSPEKTOR Schon in Ordnung.
FRL. DOKTOR So eine Anstalt reibt auf.
INSPEKTOR Kann ich mir denken.

FRL. DOKTOR Ich ziehe mich zurück. *Sie erhebt sich.* Herr
Inspektor Voß: Drücken Sie dem Staatsanwalt mein
Bedauern über die Vorfälle in meinem Sanatorium aus.
Versichern Sie ihm, es sei nun alles in Ordnung. Herr
Gerichtsmediziner, meine Herren, ich hatte die Ehre.
*Sie geht zuerst nach hinten links, verneigt sich vor der
Leiche, feierlich, schaut dann Möbius an, geht dann
nach rechts hinaus.*

INSPEKTOR So. Nun könnt ihr die Leiche endgültig in die
Kapelle tragen. Zu Schwester Irene.

MÖBIUS Monika!

*Die beiden Polizisten mit der Leiche, die andern mit den
Apparaten durch die Gartentüre ab. Der Gerichtsmediziner folgt.*

MÖBIUS Meine geliebte Monika.

INSPEKTOR *tritt zum kleinen Tischchen beim Sofa* Jetzt
benötige ich doch eine Havanna. Ich habe sie verdient.
Nimmt eine riesige Zigarre aus der Kiste, betrachtet sie.
Tolles Ding. *Beißt sie an, zündet sie an.* Mein lieber
Möbius, hinter dem Kamingitter ist Sir Isaac Newtons
Kognak versteckt.

MÖBIUS Bitte, Herr Inspektor.

*Der Inspektor pafft vor sich hin, während Möbius die
Kognakflasche und das Glas holt.*

MÖBIUS Darf ich einschenken?

INSPEKTOR Sie dürfen. *Er nimmt das Glas, trinkt.*

MÖBIUS Noch einen?

INSPEKTOR Noch einen.

MÖBIUS *schenkt wieder ein* Herr Inspektor, ich muß Sie
    bitten, mich zu verhaften.
INSPEKTOR Aber wozu denn, mein lieber Möbius?
MÖBIUS Weil ich doch die Schwester Monika –
INSPEKTOR Nach Ihrem eigenen Geständnis haben Sie auf
    Befehl des Königs Salomo gehandelt. Solange ich den
    nicht verhaften kann, bleiben Sie frei.
MÖBIUS Trotzdem –
INSPEKTOR Es gibt kein Trotzdem. Schenken Sie mir noch
    einmal ein.
MÖBIUS Bitte, Herr Inspektor.
INSPEKTOR Und nun versorgen Sie den Kognak wieder,
    sonst saufen ihn die Pfleger aus.
MÖBIUS Jawohl, Herr Inspektor. *Er versorgt den Kognak.*
INSPEKTOR Setzen Sie sich.
MÖBIUS Jawohl, Herr Inspektor. *Setzt sich auf den Stuhl.*
INSPEKTOR Hierher. *Deutet auf das Kanapee.*
MÖBIUS Jawohl, Herr Inspektor. *Setzt sich auf das Ka-
    napee.*
INSPEKTOR Sehen Sie, ich verhafte jährlich im Städtchen
    und in der Umgebung einige Mörder. Nicht viele.
    Kaum ein Halbdutzend. Einige verhafte ich mit Ver-
    gnügen, andere tun mir leid. Aber ich muß sie trotz-
    dem verhaften. Die Gerechtigkeit ist die Gerechtig-
    keit. Und nun kommen Sie und Ihre zwei Kollegen.
    Zuerst habe ich mich ja geärgert, daß ich nicht ein-
    schreiten durfte, doch jetzt? Ich genieße es auf einmal.
    Ich könnte jubeln. Ich habe drei Mörder gefunden, die
    ich mit gutem Gewissen nicht zu verhaften brauche.
    Die Gerechtigkeit macht zum ersten Male Ferien, ein
    immenses Gefühl. Die Gerechtigkeit, mein Freund,
    strengt nämlich mächtig an, man ruiniert sich in ihrem

Dienst, gesundheitlich und moralisch, ich brauche einfach eine Pause. Mein Lieber, diesen Genuß verdanke ich Ihnen. Leben Sie wohl. Grüßen Sie mir Newton und Einstein recht freundlich und lassen Sie mich bei Salomo empfehlen.

MÖBIUS Jawohl, Herr Inspektor.

Der Inspektor geht ab. Möbius ist allein. Er setzt sich auf das Sofa, preßt mit den Händen seine Schläfen. Aus Zimmer Nummer 3 kommt Newton.

NEWTON Was gibt es denn?

Möbius schweigt.

NEWTON *deckt die Suppenschüssel auf* Leberknödelsuppe. *Deckt die anderen Speisen auf dem Wagen auf.* Poulet à la broche, Cordon bleu. Merkwürdig. Sonst essen wir doch abends leicht. Und bescheiden. Seit die andern Patienten im Neubau sind. *Er schöpft sich Suppe.* Keinen Hunger?

Möbius schweigt.

NEWTON Verstehe. Nach meiner Krankenschwester verging mir auch der Appetit.

Er setzt sich und beginnt Leberknödelsuppe zu essen. Möbius erhebt sich und will auf sein Zimmer gehen.

NEWTON Bleiben Sie.
MÖBIUS Sir Isaac?

NEWTON Ich habe mit Ihnen zu reden, Möbius.

MÖBIUS *bleibt stehen* Und?

NEWTON *deutet auf das Essen* Möchten Sie nicht vielleicht doch die Leberknödelsuppe versuchen? Sie schmeckt vorzüglich.

MÖBIUS Nein.

NEWTON Mein lieber Möbius, wir werden nicht mehr von Schwestern betreut, wir werden von Pflegern bewacht. Von riesigen Burschen.

MÖBIUS Das spielt keine Rolle.

NEWTON Vielleicht nicht für Sie, Möbius. Sie wünschen ja offenbar Ihr ganzes Leben im Irrenhaus zu verbringen. Aber für mich spielt es eine Rolle. Ich will nämlich hinaus. *Er beendet die Leberknödelsuppe.* Na. Gehen wir mal zum Poulet à la broche über. *Er serviert sich.* Die Pfleger zwingen mich zu handeln. Noch heute.

MÖBIUS Ihre Sache.

NEWTON Nicht ganz. Ein Geständnis, Möbius: Ich bin nicht verrückt.

MÖBIUS Aber natürlich nicht, Sir Isaac.

NEWTON Ich bin nicht Sir Isaac Newton.

MÖBIUS Ich weiß. Albert Einstein.

NEWTON Blödsinn. Auch nicht Herbert Georg Beutler, wie man hier glaubt. Mein wahrer Name lautet Kilton, mein Junge.

MÖBIUS *starrt ihn erschrocken an* Alec Jasper Kilton?

NEWTON Richtig.

MÖBIUS Der Begründer der Entsprechungslehre?

NEWTON Der.

MÖBIUS *kommt zum Tisch* Sie haben sich hier eingeschlichen?

NEWTON Indem ich den Verrückten spielte.

MÖBIUS Um mich – auszuspionieren?

NEWTON Um hinter den Grund Ihrer Verrücktheit zu kommen. Mein tadelloses Deutsch ist mir im Lager unseres Geheimdienstes beigebracht worden, eine schreckliche Arbeit.

MÖBIUS Und weil die arme Schwester Dorothea auf die Wahrheit kam, haben Sie –

NEWTON Habe ich. Der Vorfall tut mir außerordentlich leid.

MÖBIUS Verstehe.

NEWTON Befehl ist Befehl.

MÖBIUS Selbstverständlich.

NEWTON Ich durfte nicht anders handeln.

MÖBIUS Natürlich nicht.

NEWTON Meine Mission stand in Frage, das geheimste Unternehmen unseres Geheimdienstes. Ich mußte töten, wollte ich jeden Verdacht vermeiden. Schwester Dorothea hielt mich nicht mehr für verrückt, die Chefärztin nur für mäßig krank, es galt meinen Wahnsinn durch einen Mord endgültig zu beweisen. Sie, das Poulet à la broche schmeckt aber wirklich großartig.

Aus Zimmer Nummer 2 hört man Einstein geigen.

MÖBIUS Da geigt Einstein wieder.

NEWTON Die Gavotte von Bach.

MÖBIUS Sein Essen wird kalt.

NEWTON Lassen Sie den Verrückten ruhig weitergeigen.

MÖBIUS Eine Drohung?

NEWTON Ich verehre Sie unermeßlich. Es würde mir leid tun, energisch vorgehen zu müssen.

MÖBIUS Sie haben den Auftrag, mich zu entführen?

NEWTON Falls sich der Verdacht unseres Geheimdienstes bestätigt.

MÖBIUS Der wäre?

NEWTON Er hält Sie zufällig für den genialsten Physiker der Gegenwart.

MÖBIUS Ich bin ein schwer nervenkranker Mensch, Kilton, nichts weiter.

NEWTON Unser Geheimdienst ist darüber anderer Ansicht.

MÖBIUS Und was glauben Sie von mir?

NEWTON Ich halte Sie schlicht für den größten Physiker aller Zeiten.

MÖBIUS Und wie kam Ihr Geheimdienst auf meine Spur?

NEWTON Durch mich. Ich las zufällig Ihre Dissertation über die Grundlagen einer neuen Physik. Zuerst hielt ich die Abhandlung für eine Spielerei. Dann fiel es mir wie Schuppen von den Augen. Ich hatte es mit dem genialsten Dokument der neueren Physik zu tun. Ich begann über den Verfasser nachzuforschen und kam nicht weiter. Darauf informierte ich den Geheimdienst, und der kam dann weiter.

EINSTEIN Sie waren nicht der einzige Leser der Dissertation, Kilton. *Er ist unbemerkt mit seiner Geige unter dem Arm und mit seinem Geigenbogen aus Zimmer Nummer 2 gekommen.* Ich bin nämlich auch nicht verrückt. Darf ich mich vorstellen? Ich bin ebenfalls Physiker. Mitglied eines Geheimdienstes. Aber eines ziemlich anderen. Mein Name ist Joseph Eisler.

MÖBIUS Der Entdecker des Eisler-Effekts?

EINSTEIN Der.

NEWTON Neunzehnhundertfünfzig verschollen.

EINSTEIN Freiwillig.

NEWTON *hält plötzlich einen Revolver in der Hand* Darf ich bitten, Eisler, sich mit dem Gesicht gegen die Wand zu stellen?

EINSTEIN Aber natürlich. *Er schlendert gemächlich zum Kamin, legt seine Geige auf das Kaminsims, kehrt sich dann plötzlich um, einen Revolver in der Hand.* Mein bester Kilton. Da wir beide, wie ich vermute, mit Waffen tüchtig umzugehen wissen, wollen wir doch ein Duell möglichst vermeiden, finden Sie nicht? Ich lege meinen Browning gern zur Seite, falls Sie auch Ihren Colt –

NEWTON Einverstanden.

EINSTEIN Hinter das Kamingitter zum Kognak. Im Falle, es kämen plötzlich die Pfleger.

NEWTON Schön.

Beide legen ihre Revolver hinter das Kamingitter.

EINSTEIN Sie brachten meine Pläne durcheinander, Kilton, Sie hielt ich wirklich für verrückt.

NEWTON Trösten Sie sich: ich Sie auch.

EINSTEIN Überhaupt ging manches schief. Die Sache mit der Schwester Irene zum Beispiel heute nachmittag. Sie hatte Verdacht geschöpft, und damit war ihr Todesurteil gefällt. Der Vorfall tut mir außerordentlich leid.

MÖBIUS Verstehe.

EINSTEIN Befehl ist Befehl.

MÖBIUS Selbstverständlich.

EINSTEIN Ich konnte nicht anders handeln.

MÖBIUS Natürlich nicht.

EINSTEIN Auch meine Mission stand in Frage, das

geheimste Unternehmen auch meines Geheimdienstes.
Setzen wir uns?

NEWTON Setzen wir uns.

Er setzt sich links an den Tisch, Einstein rechts.

MÖBIUS Ich nehme an, Eisler, auch Sie wollen mich nun
zwingen –

EINSTEIN Aber Möbius.

MÖBIUS – bewegen, Ihr Land aufzusuchen.

EINSTEIN Auch wir halten Sie schließlich für den größten
aller Physiker. Aber nun bin ich auf das Abendessen
gespannt. Die reinste Henkersmahlzeit. *Er schöpft sich
Suppe.* Immer noch keinen Appetit, Möbius?

MÖBIUS Doch. Plötzlich. Jetzt, wo ihr dahintergekom-
men seid. *Er setzt sich zwischen die beiden an den
Tisch, schöpft sich ebenfalls Suppe.*

NEWTON Burgunder, Möbius?

MÖBIUS Schenken Sie ein.

NEWTON *schenkt ein* Ich nehme das Cordon bleu in An-
griff.

MÖBIUS Tun Sie sich keinen Zwang an.

NEWTON Mahlzeit.

EINSTEIN Mahlzeit.

MÖBIUS Mahlzeit.

*Sie essen. Von rechts kommen die drei Pfleger, der Ober-
pfleger mit einem Notizbuch.*

OBERPFLEGER Patient Beutler!

NEWTON Hier.

OBERPFLEGER Patient Ernesti!

EINSTEIN Hier.

OBERPFLEGER Patient Möbius!

MÖBIUS Hier.

OBERPFLEGER Oberpfleger Sievers, Pfleger Murillo, Pfleger McArthur. *Er steckt das Notizbuch wieder ein.* Auf Anraten der Behörde sind gewisse Sicherheitsmaßnahmen zu treffen. Murillo, die Gitter zu.

Murillo läßt beim Fenster ein Gitter herunter. Der Raum hat nun auf einmal etwas von einem Gefängnis.

OBERPFLEGER McArthur, schließ ab.

McArthur schließt das Gitter ab.

OBERPFLEGER Haben die Herren für die Nacht noch einen Wunsch? Patient Beutler?

NEWTON Nein.

OBERPFLEGER Patient Ernesti?

EINSTEIN Nein.

OBERPFLEGER Patient Möbius?

MÖBIUS Nein.

OBERPFLEGER Meine Herren. Wir empfehlen uns. Gute Nacht.

Die drei Pfleger ab. Stille.

EINSTEIN Biester.

NEWTON Im Park lauern noch weitere Kolosse. Ich habe sie längst von meinem Fenster aus beobachtet.

EINSTEIN *erhebt sich und untersucht das Gitter* Solid. Mit einem Spezialschloß.

NEWTON *geht zu seiner Zimmertüre, öffnet sie, schaut*

hinein Auch vor meinem Fenster mit einem Mal ein Gitter. Wie hingezaubert.

Er öffnet die beiden andern Türen im Hintergrund.

NEWTON Auch bei Eisler. Und bei Möbius. _Er geht zur Türe rechts._ Abgeschlossen.

Er setzt sich wieder. Auch Einstein.

EINSTEIN Gefangen.
NEWTON Logisch. Wir mit unseren Krankenschwestern.
EINSTEIN Jetzt kommen wir nur noch aus dem Irrenhaus, wenn wir gemeinsam vorgehen.
MÖBIUS Ich will ja gar nicht fliehen.
EINSTEIN Möbius –
MÖBIUS Ich finde nicht den geringsten Grund dazu. Im Gegenteil. Ich bin mit meinem Schicksal zufrieden.

Schweigen.

NEWTON Doch ich bin nicht damit zufrieden, ein ziemlich entscheidender Umstand, finden Sie nicht? Ihre persönlichen Gefühle in Ehren, aber Sie sind ein Genie und als solches Allgemeingut. Sie drangen in neue Gebiete der Physik vor. Aber Sie haben die Wissenschaft nicht gepachtet. Sie haben die Pflicht, die Türe auch uns aufzuschließen, den Nicht-Genialen. Kommen Sie mit mir, in einem Jahr stecken wir Sie in einen Frack, transportieren Sie nach Stockholm, und Sie erhalten den Nobelpreis.
MÖBIUS Ihr Geheimdienst ist uneigennützig.
NEWTON Ich gebe zu, Möbius, daß ihn vor allem die

Vermutung beeindruckt, Sie hätten das Problem der Gravitation gelöst.

MÖBIUS Stimmt.

Stille.

EINSTEIN Das sagen Sie so seelenruhig?

MÖBIUS Wie soll ich es denn sonst sagen?

EINSTEIN Mein Geheimdienst glaubte, Sie würden die einheitliche Theorie der Elementarteilchen –

MÖBIUS Auch Ihren Geheimdienst kann ich beruhigen. Die einheitliche Feldtheorie ist gefunden.

NEWTON *wischt sich mit der Serviette den Schweiß von der Stirne* Die Weltformel.

EINSTEIN Zum Lachen. Da versuchen Horden gut besoldeter Physiker in riesigen staatlichen Laboratorien seit Jahren vergeblich in der Physik weiterzukommen, und Sie erledigen das en passant im Irrenhaus am Schreibtisch. *Er wischt sich ebenfalls mit der Serviette den Schweiß von der Stirne.*

NEWTON Und das System aller möglichen Erfindungen, Möbius?

MÖBIUS Gibt es auch. Ich stellte es aus Neugierde auf, als praktisches Kompendium zu meinen theoretischen Arbeiten. Soll ich den Unschuldigen spielen? Was wir denken, hat seine Folgen. Es war meine Pflicht, die Auswirkungen zu studieren, die meine Feldtheorie und meine Gravitationslehre haben würden. Das Resultat ist verheerend. Neue, unvorstellbare Energien würden freigesetzt und eine Technik ermöglicht, die jeder Phantasie spottet, falls meine Untersuchung in die Hände der Menschen fiele.

EINSTEIN Das wird sich kaum vermeiden lassen.

NEWTON Die Frage ist nur, wer zuerst an sie heran-
kommt.

MÖBIUS *lacht* Sie wünschen dieses Glück wohl Ihrem
Geheimdienst, Kilton, und dem Generalstab, der da-
hintersteht?

NEWTON Warum nicht. Um den größten Physiker aller
Zeiten in die Gemeinschaft der Physiker zurückzuführen, ist mir jeder Generalstab gleich heilig.

EINSTEIN Mir ist bloß mein Generalstab heilig. Wir lie-
fern der Menschheit gewaltige Machtmittel. Das gibt
uns das Recht, Bedingungen zu stellen. Wir müssen
entscheiden, zu wessen Gunsten wir unsere Wissenschaft anwenden, und ich habe mich entschieden.

NEWTON Unsinn, Eisler. Es geht um die Freiheit unserer
Wissenschaft und um nichts weiter. Wir haben Pio-
nierarbeit zu leisten und nichts außerdem. Ob die
Menschheit den Weg zu gehen versteht, den wir ihr
bahnen, ist ihre Sache, nicht die unsrige.

EINSTEIN Sie sind ein jämmerlicher Ästhet, Kilton.
Warum kommen Sie nicht zu uns, wenn Ihnen nur an
der Freiheit der Wissenschaft gelegen ist? Auch wir
können es uns schon längst nicht mehr leisten, die
Physiker zu bevormunden. Auch wir brauchen Resul-
tate. Auch unser politisches System muß der Wissenschaft aus der Hand fressen.

NEWTON Unsere beiden politischen Systeme, Eisler,
müssen jetzt vor allem Möbius aus der Hand fressen.

EINSTEIN Im Gegenteil. Er wird uns gehorchen müssen.
Wir beide halten ihn schließlich in Schach.

NEWTON Wirklich? Wir beide halten wohl mehr uns in
Schach. Unsere Geheimdienste sind leider auf die gleiche Idee gekommen. Geht Möbius mit Ihnen, kann ich

nichts dagegen tun, weil Sie es verhindern würden. Und Sie wären hilflos, wenn sich Möbius zu meinen Gunsten entschlösse. Er kann hier wählen, nicht wir.

EINSTEIN *erhebt sich feierlich* Holen wir die Revolver.

NEWTON *erhebt sich ebenfalls* Kämpfen wir.

Newton holt die beiden Revolver hinter dem Kamingitter, gibt Einstein dessen Waffe.

EINSTEIN Es tut mir leid, daß die Angelegenheit ein blutiges Ende findet. Aber wir müssen schießen. Aufeinander und auf die Wärter ohnehin. Im Notfall auch auf Möbius. Er mag der wichtigste Mann der Welt sein, seine Manuskripte sind wichtiger.

MÖBIUS Meine Manuskripte? Ich habe sie verbrannt.

Totenstille.

EINSTEIN Verbrannt?

MÖBIUS *verlegen* Vorhin. Bevor die Polizei zurückkam. Um sicherzugehen.

EINSTEIN *bricht in verzweifeltes Gelächter aus* Verbrannt.

NEWTON *schreit wütend auf* Die Arbeit von fünfzehn Jahren.

EINSTEIN Es ist zum Wahnsinnigwerden.

NEWTON Offiziell sind wir es ja schon.

Sie stecken ihre Revolver ein und setzen sich vernichtet aufs Sofa.

EINSTEIN Damit sind wir Ihnen endgültig ausgeliefert, Möbius.

NEWTON Und dafür mußte ich eine Krankenschwester erdrosseln und Deutsch lernen.

EINSTEIN Während man mir das Geigen beibrachte: eine Tortur für einen völlig unmusikalischen Menschen.

MÖBIUS Essen wir nicht weiter?

NEWTON Der Appetit ist mir vergangen.

EINSTEIN Schade um das Cordon bleu.

MÖBIUS *steht auf* Wir sind drei Physiker. Die Entscheidung, die wir zu fällen haben, ist eine Entscheidung unter Physikern. Wir müssen wissenschaftlich vorgehen. Wir dürfen uns nicht von Meinungen bestimmen lassen, sondern von logischen Schlüssen. Wir müssen versuchen, das Vernünftige zu finden. Wir dürfen uns keinen Denkfehler leisten, weil ein Fehlschluß zur Katastrophe führen müßte. Der Ausgangspunkt ist klar. Wir haben alle drei das gleiche Ziel im Auge, doch unsere Taktik ist verschieden. Das Ziel ist der Fortgang der Physik. Sie wollen ihr die Freiheit bewahren, Kilton, und streiten ihr die Verantwortung ab. Sie dagegen, Eisler, verpflichten die Physik im Namen der Verantwortung der Machtpolitik eines bestimmten Landes. Wie sieht nun aber die Wirklichkeit aus? Darüber verlange ich Auskunft, soll ich mich entscheiden.

NEWTON Einige der berühmtesten Physiker erwarten Sie. Besoldung und Unterkunft ideal, die Gegend mörderisch, aber die Klimaanlagen ausgezeichnet.

MÖBIUS Sind diese Physiker frei?

NEWTON Mein lieber Möbius. Diese Physiker erklären sich bereit, wissenschaftliche Probleme zu lösen, die für die Landesverteidigung entscheidend sind. Sie müssen daher verstehen –

MÖBIUS Also nicht frei. *Er wendet sich Einstein zu.* Joseph Eisler. Sie treiben Machtpolitik. Dazu gehört jedoch Macht. Besitzen Sie die?

EINSTEIN Sie mißverstehen mich, Möbius. Meine Machtpolitik besteht gerade darin, daß ich zugunsten einer Partei auf meine Macht verzichtet habe.

MÖBIUS Können Sie die Partei im Sinne Ihrer Verantwortung lenken, oder laufen Sie Gefahr, von der Partei gelenkt zu werden?

EINSTEIN Möbius! Das ist doch lächerlich. Ich kann natürlich nur hoffen, die Partei befolge meine Ratschläge, mehr nicht. Ohne Hoffnung gibt es nun einmal keine politische Haltung.

MÖBIUS Sind wenigstens Ihre Physiker frei?

EINSTEIN Da auch sie für die Landesverteidigung –

MÖBIUS Merkwürdig. Jeder preist mir eine andere Theorie an, doch die Realität, die man mir bietet, ist dieselbe: ein Gefängnis. Da ziehe ich mein Irrenhaus vor. Es gibt mir wenigstens die Sicherheit, von Politikern nicht ausgenützt zu werden.

EINSTEIN Gewisse Risiken muß man schließlich eingehen.

MÖBIUS Es gibt Risiken, die man nie eingehen darf: der Untergang der Menschheit ist ein solches. Was die Welt mit den Waffen anrichtet, die sie schon besitzt, wissen wir, was sie mit jenen anrichten würde, die ich ermögliche, können wir uns denken. Dieser Einsicht habe ich mein Handeln untergeordnet. Ich war arm. Ich besaß eine Frau und drei Kinder. An der Universität winkte Ruhm, in der Industrie Geld. Beide Wege waren zu gefährlich. Ich hätte meine Arbeiten veröffentlichen müssen, der Umsturz unserer Wissenschaft und das Zusammenbrechen des wirtschaftlichen Gefüges wären die Folgen gewesen. Die Verantwortung zwang mir einen anderen Weg auf. Ich ließ meine akademische Karriere fahren, die Industrie fallen und überließ meine Familie ihrem Schicksal. Ich wählte die Narrenkappe. Ich gab vor, der König Salomo erscheine mir, und schon sperrte man mich in ein Irrenhaus.

NEWTON Das war doch keine Lösung!

MÖBIUS Die Vernunft forderte diesen Schritt. Wir sind in unserer Wissenschaft an die Grenzen des Erkennbaren gestoßen. Wir wissen einige genau erfaßbare Gesetze, einige Grundbeziehungen zwischen unbegreiflichen Erscheinungen, das ist alles, der gewaltige Rest bleibt Geheimnis, dem Verstande unzugänglich. Wir haben das Ende unseres Weges erreicht. Aber die Menschheit ist noch nicht soweit. Wir haben uns vorgekämpft, nun folgt uns niemand nach, wir sind ins Leere gestoßen. Unsere Wissenschaft ist schrecklich geworden, unsere Forschung gefährlich, unsere Erkenntnis tödlich. Es gibt für uns Physiker nur noch die Kapitulation vor der Wirklichkeit. Sie ist uns nicht gewachsen. Sie geht an uns zugrunde. Wir müssen unser Wissen zurücknehmen, und ich habe es zurückgenommen. Es gibt keine andere Lösung, auch für euch nicht.

EINSTEIN Was wollen Sie damit sagen?

MÖBIUS Ihr besitzt Geheimsender?

EINSTEIN Na und?

MÖBIUS Ihr benachrichtigt eure Auftraggeber. Ihr hättet euch geirrt. Ich sei wirklich verrückt.

EINSTEIN Dann sitzen wir hier lebenslänglich.

MÖBIUS Sicher.

EINSTEIN Gescheiterten Spionen kräht kein Hahn mehr nach.

MÖBIUS Eben.

NEWTON Na und?

MÖBIUS Ihr müßt bei mir im Irrenhaus bleiben.
NEWTON Wir?
MÖBIUS Ihr beide.

Schweigen.

NEWTON Möbius! Sie können von uns doch nicht verlan-
gen, daß wir ewig –
MÖBIUS Meine einzige Chance, doch noch unentdeckt zu
bleiben. Nur im Irrenhaus sind wir noch frei. Nur im
Irrenhaus dürfen wir noch denken. In der Freiheit sind
unsere Gedanken Sprengstoff.
NEWTON Wir sind doch schließlich nicht verrückt.
MÖBIUS Aber Mörder.

Sie starren ihn verblüfft an.

NEWTON Ich protestiere!
EINSTEIN Das hätten Sie nicht sagen dürfen, Möbius!
MÖBIUS Wer tötet, ist ein Mörder, und wir haben getötet.
Jeder von uns hatte einen Auftrag, der ihn in diese
Anstalt führte. Jeder von uns tötete seine Krankenschwester für einen bestimmten Zweck. Ihr, um eure
geheime Mission nicht zu gefährden, ich, weil Schwester Monika an mich glaubte. Sie hielt mich für ein
verkanntes Genie. Sie begriff nicht, daß es heute die
Pflicht eines Genies ist, verkannt zu bleiben. Töten ist
etwas Schreckliches. Ich habe getötet, damit nicht ein
noch schrecklicheres Morden anhebe. Nun seid ihr
gekommen. Euch kann ich nicht beseitigen, aber vielleicht überzeugen? Sollen unsere Morde sinnlos werden? Entweder haben wir geopfert oder gemordet.

Entweder bleiben wir im Irrenhaus, oder die Welt wird eines. Entweder löschen wir uns im Gedächtnis der Menschen aus, oder die Menschheit erlischt.

Schweigen.

NEWTON Möbius!

MÖBIUS Kilton?

NEWTON Diese Anstalt. Diese schrecklichen Pfleger. Diese bucklige Ärztin!

MÖBIUS Nun?

EINSTEIN Man sperrt uns ein wie wilde Tiere!

MÖBIUS Wir sind wilde Tiere. Man darf uns nicht auf die Menschheit loslassen.

Schweigen.

NEWTON Gibt es wirklich keinen andern Ausweg?

MÖBIUS Keinen.

Schweigen.

EINSTEIN Johann Wilhelm Möbius. Ich bin ein anständiger Mensch. Ich bleibe.

Schweigen.

NEWTON Ich bleibe auch. Für immer.

Schweigen.

MÖBIUS Ich danke euch. Um der kleinen Chance willen,

die nun die Welt doch noch besitzt davonzukommen.
Er erhebt sein Glas. Auf unsere Krankenschwestern!

Sie haben sich feierlich erhoben.

NEWTON Ich trinke auf Dorothea Moser.
DIE BEIDEN ANDERN Auf Schwester Dorothea!
NEWTON Dorothea! Ich mußte dich opfern. Ich gab dir
den Tod für deine Liebe! Nun will ich mich deiner
würdig erweisen.
EINSTEIN Ich trinke auf Irene Straub.
DIE BEIDEN ANDERN Auf Schwester Irene!
EINSTEIN Irene! Ich mußte dich opfern. Dich zu loben
und deine Hingabe zu preisen, will ich vernünftig
handeln.
MÖBIUS Ich trinke auf Monika Stettler.
DIE BEIDEN ANDERN Auf Schwester Monika!
MÖBIUS Monika! Ich mußte dich opfern. Deine Liebe
segne die Freundschaft, die wir drei Physiker in dei-
nem Namen geschlossen haben. Gib uns die Kraft, als
Narren das Geheimnis unserer Wissenschaft treu zu
bewahren.

Sie trinken, stellen die Gläser auf den Tisch.

NEWTON Verwandeln wir uns wieder in Verrückte. Gei-
stern wir als Newton daher.
EINSTEIN Fiedeln wir wieder Kreisler und Beethoven.
MÖBIUS Lassen wir wieder Salomo erscheinen.
NEWTON Verrückt, aber weise.
EINSTEIN Gefangen, aber frei.
MÖBIUS Physiker, aber unschuldig.

Die drei winken sich zu, gehen auf ihre Zimmer. Der Raum ist leer. Von rechts kommen McArthur und Murillo. Sie tragen nun beide eine schwarze Uniform mit Mütze und Pistolen. Sie räumen den Tisch ab. McArthur fährt den Wagen mit dem Geschirr nach rechts hinaus, Murillo stellt vor das Fenster rechts den runden Tisch, darauf die umgekehrten Stühle, wie beim Aufräumen in einer Wirtschaft. Dann geht auch Murillo nach rechts hinaus. Der Raum ist wieder leer. Dann kommt von rechts Fräulein Doktor Mathilde von Zahnd. Wie immer mit weißem Ärztekittel, Stethoskop. Sie schaut sich um. Endlich kommt noch Sievers, ebenfalls in schwarzer Uniform.

OBERPFLEGER Boss.

FRL. DOKTOR Sievers, das Bild.

McArthur und Murillo tragen ein großes Porträt in einem schweren goldenen Rahmen herein, einen General darstellend. Sievers hängt das alte Porträt ab und das neue auf.

FRL. DOKTOR Der General Leonidas von Zahnd ist hier besser aufgehoben als bei den Weibern. Er sieht immer noch großartig aus, der alte Haudegen, trotz seines Basedows. Er liebte Heldentode, und so was hat in diesem Hause ja nun stattgefunden. *Sie betrachtet das Bild ihres Vaters.* Dafür kommt der Geheimrat in die Frauenabteilung zu den Millionärinnen. Stellt ihn einstweilen in den Korridor.

McArthur und Murillo tragen das Bild nach rechts hinaus.

FRL. DOKTOR Ist Generaldirektor Fröben gekommen mit seinen Helden?

OBERPFLEGER Sie warten im grünen Salon. Soll ich Sekt und Kaviar bereitstellen?

FRL. DOKTOR Die Koryphäen sind nicht da, um zu schlemmen, sondern um zu arbeiten.

Sie setzt sich aufs Sofa. McArthur und Murillo von rechts zurück.

FRL. DOKTOR Holen Sie die drei, Sievers.

OBERPFLEGER Zu Befehl, Boss. *Er geht zu Zimmer Nummer 1, öffnet die Tür.* Möbius, rauskommen!

McArthur und Murillo öffnen die Türen 2 und 3.

MURILLO Newton, rauskommen!

MCARTHUR Einstein, rauskommen!

Newton, Einstein und Möbius kommen. Alle verklärt.

NEWTON Eine geheimnisvolle Nacht. Unendlich und erhaben. Durch das Gitter meines Fensters funkeln Jupiter und Saturn, offenbaren die Gesetze des Alls.

EINSTEIN Eine glückliche Nacht. Tröstlich und gut. Die Rätsel schweigen, die Fragen sind verstummt. Ich möchte geigen und nie mehr enden.

MÖBIUS Eine andächtige Nacht. Tiefblau und fromm. Die Nacht des mächtigen Königs. Sein weißer Schatten löst sich von der Wand. Seine Augen leuchten.

Schweigen.

FRL. DOKTOR Möbius. Auf Anordnung des Staatsanwaltes
   darf ich nur in Anwesenheit eines Wärters mit Ihnen
   reden.
MÖBIUS Verstehe, Fräulein Doktor.
FRL. DOKTOR Aber was ich zu sagen habe, geht auch Ihre
   Kollegen, Alec Jasper Kilton und Joseph Eisler, an.

Die beiden starren sie verwundert an.

NEWTON Sie – wissen?

*Die beiden wollen ihre Revolver ziehen, werden aber von
Murillo und McArthur entwaffnet.*

FRL. DOKTOR Ihr Gespräch, meine Herren, ist abgehört
   worden; ich hatte schon längst Verdacht geschöpft.
   Holt Kiltons und Eislers Geheimsender, McArthur
   und Murillo.
OBERPFLEGER Die Hände hinter den Nacken, ihr drei!

*Möbius, Einstein und Newton legen die Hände hinter
den Nacken, McArthur und Murillo gehen in Zimmer 2
und 3.*

NEWTON Drollig! *Er lacht. Allein. Gespenstisch.*
EINSTEIN Ich weiß nicht –
NEWTON Ulkig! *Lacht wieder. Verstummt.*

*McArthur und Murillo kommen mit den Geheimsendern
zurück.*

OBERPFLEGER Hände runter!

Die Physiker gehorchen. Schweigen.

FRL. DOKTOR Die Scheinwerfer, Sievers.
OBERPFLEGER O.K., Boss.

Er hebt die Hand. Von außen tauchen Scheinwerfer die Physiker in ein blendendes Licht. Gleichzeitig hat Sievers innen das Licht ausgelöscht.

FRL. DOKTOR Die Villa ist von Wärtern umstellt. Ein Fluchtversuch ist sinnlos. *Zu den Pflegern* Raus, ihr drei!

Die drei Pfleger verlassen den Raum, tragen die Waffen und Geräte hinaus. Schweigen.

FRL. DOKTOR Ihr allein sollt mein Geheimnis wissen. Weil es keine Rolle mehr spielt, wenn ihr es wißt.

Schweigen.

FRL. DOKTOR *feierlich* Auch mir ist der goldene König Salomo erschienen.

Die drei starren sie verblüfft an.

MÖBIUS Salomo?
FRL. DOKTOR All die Jahre.

Newton lacht leise auf.

FRL. DOKTOR *unbeirrbar* Zuerst in meinem Arbeitszimmer. An einem Sommerabend. Draußen schien noch die Sonne, und im Park hämmerte ein Specht, als auf einmal der goldene König heranschwebte. Wie ein gewaltiger Engel.

EINSTEIN Sie ist wahnsinnig geworden.

FRL. DOKTOR Sein Blick ruhte auf mir. Seine Lippen öffneten sich. Er begann mit seiner Magd zu reden. Er war von den Toten auferstanden, er wollte die Macht wieder übernehmen, die ihm einst hienieden gehörte, er hatte seine Weisheit enthüllt, damit in seinem Namen Möbius auf Erden herrsche.

EINSTEIN Sie muß interniert werden. Sie gehört in ein Irrenhaus.

FRL. DOKTOR Aber Möbius hat ihn verraten. Er versuchte zu verschweigen, was nicht verschwiegen werden konnte. Denn was ihm offenbart worden war, ist kein Geheimnis. Weil es denkbar ist. Alles Denkbare wird einmal gedacht. Jetzt oder in der Zukunft. Was Salomo gefunden hatte, kann einmal auch ein anderer finden, es sollte die Tat des goldenen Königs bleiben, das Mittel zu seiner heiligen Weltherrschaft, und so suchte er mich auf, seine unwürdige Dienerin.

EINSTEIN *eindringlich* Sie sind verrückt. Hören Sie, Sie sind verrückt.

FRL. DOKTOR Der goldene König hat mir den Befehl gegeben, Möbius abzusetzen und an seiner Stelle zu herrschen. Ich gehorchte. Ich war Ärztin und Möbius mein Patient. Ich konnte mit ihm tun, was ich wollte. Ich betäubte ihn, jahrelang, immer wieder, und photokopierte die Aufzeichnungen Salomos, bis ich auch die letzten Seiten besaß.

NEWTON Sie sind übergeschnappt! Vollkommen! Begreifen Sie doch endlich! *Leise* Wir alle sind übergeschnappt.

FRL. DOKTOR Ich bin behutsam vorgegangen. Ich beutete zuerst nur wenige Erfindungen aus, das nötige Kapital anzusammeln. Dann gründete ich Riesenwerke, erstand eine Fabrik um die andere und baute einen mächtigen Trust auf. Ich werde das System aller möglichen Erfindungen auswerten, meine Herren.

MÖBIUS *eindringlich* Fräulein Doktor Mathilde von Zahnd: Sie sind krank. Salomo ist nicht wirklich. Er ist mir nie erschienen.

FRL. DOKTOR Sie lügen.

MÖBIUS Ich habe ihn nur erfunden, um meine Entdeckungen geheimzuhalten.

FRL. DOKTOR Sie verleugnen ihn.

MÖBIUS Nehmen Sie Vernunft an. Sehen Sie ein, daß Sie verrückt sind.

FRL. DOKTOR Ebensowenig wie Sie.

MÖBIUS Dann muß ich der Welt die Wahrheit entgegenschreien. Sie beuteten mich all die Jahre aus. Schamlos. Sogar meine arme Frau ließen Sie noch zahlen.

FRL. DOKTOR Sie sind machtlos, Möbius. Auch wenn Ihre Stimme in die Welt hinausdränge, würde man Ihnen nicht glauben. Denn für die Öffentlichkeit sind Sie nichts anderes als ein gefährlicher Verrückter. Durch Ihren Mord.

Die drei ahnen die Wahrheit.

MÖBIUS Monika?

EINSTEIN Irene?

NEWTON Dorothea?

FRL. DOKTOR Ich habe nur eine Gelegenheit wahrgenommen. Das Wissen Salomos mußte gesichert und euer Verrat bestraft werden. Ich mußte euch unschädlich machen. Durch eure Morde. Ich hetzte die drei Krankenschwestern auf euch. Mit eurem Handeln konnte ich rechnen. Ihr wart bestimmbar wie Automaten und habt getötet wie Henker.

Möbius will sich auf sie stürzen, Einstein hält ihn zurück.

FRL. DOKTOR Es ist sinnlos, Möbius, sich auf mich zu stürzen. So wie es sinnlos war, Manuskripte zu verbrennen, die ich schon besitze.

Möbius wendet sich ab.

FRL. DOKTOR Was euch umgibt, sind nicht mehr die Mauern einer Anstalt. Dieses Haus ist die Schatzkammer meines Trusts. Es umschließt drei Physiker, die allein außer mir die Wahrheit wissen. Was euch in Bann hält, sind keine Irrenwärter: Sievers ist der Chef meiner Werkpolizei. Ihr seid in euer eigenes Gefängnis geflüchtet. Salomo hat durch euch gedacht, durch euch gehandelt, und nun vernichtet er euch. Durch mich.

Schweigen. Fräulein Doktor spricht alles still und fromm.

FRL. DOKTOR Ich aber übernehme seine Macht. Ich fürchte mich nicht. Meine Anstalt ist voll von verrückten Verwandten, mit Schmuck behängt und Orden. Ich bin die letzte Normale meiner Familie. Das Ende.

Unfruchtbar, nur noch zur Nächstenliebe geeignet. Da erbarmte sich Salomo meiner. Er, der tausend Weiber besitzt, wählte mich aus. Nun werde ich mächtiger sein als meine Väter. Mein Trust wird herrschen, die Länder, die Kontinente erobern, das Sonnensystem ausbeuten, nach dem Andromedanebel fahren. Die Rechnung ist aufgegangen. Nicht zugunsten der Welt, aber zugunsten einer alten, buckligen Jungfrau. *Sie läutet mit einer kleinen Glocke.*

Von rechts kommt der Oberpfleger.

OBERPFLEGER Boss?

FRL. DOKTOR Gehen wir, Sievers. Der Verwaltungsrat wartet. Das Weltunternehmen startet, die Produktion rollt an. *Sie geht mit dem Oberpfleger nach rechts hinaus.*

Die drei Physiker sind allein. Stille. Alles ist ausgespielt. Schweigen.

NEWTON Es ist aus. *Er setzt sich aufs Sofa.*

EINSTEIN Die Welt ist in die Hände einer verrückten Irrenärztin gefallen. *Er setzt sich zu Newton.*

MÖBIUS Was einmal gedacht wurde, kann nicht mehr zurückgenommen werden. *Er setzt sich auf den Sessel links vom Sofa.*

Schweigen. Sie starren vor sich hin. Dann reden sie ganz ruhig, selbstverständlich, stellen sich einfach dem Publikum vor.

NEWTON Ich bin Newton. Sir Isaac Newton. Geboren

am 4. Januar 1643 in Woolsthorpe bei Grantham. Ich
bin Präsident der Royal Society. Aber es braucht sich
deshalb keiner zu erheben. Ich schrieb: ›Die mathema-
tischen Grundlagen der Naturwissenschaft‹. Ich sagte:
Hypotheses non fingo. In der experimentellen Optik,
in der theoretischen Mechanik und in der höheren
Mathematik sind meine Leistungen nicht unwichtig,
aber die Frage nach dem Wesen der Schwerkraft mußte
ich offenlassen. Ich schrieb auch theologische Bücher.
Bemerkungen zum Propheten Daniel und zur Johan-
nes-Apokalypse. Ich bin Newton. Sir Isaac Newton.
Ich bin Präsident der Royal Society. *Er erhebt sich und
geht auf sein Zimmer.*

EINSTEIN Ich bin Einstein. Professor Albert Einstein. Geboren am 14. März 1879 in Ulm. 1902 wurde ich
Experte am Eidgenössischen Patentamt in Bern. Dort
stellte ich meine spezielle Relativitätstheorie auf, die
die Physik veränderte. Dann wurde ich Mitglied der
Preußischen Akademie der Wissenschaften. Später
wurde ich Emigrant. Weil ich ein Jude bin. Von mir
stammt die Formel $E = mc^2$, der Schlüssel zur Um-
wandlung von Materie in Energie. Ich liebe die Menschen und liebe meine Geige, aber auf meine Empfeh-
lung hin baute man die Atombombe. Ich bin Einstein.
Professor Albert Einstein. Geboren am 14. März 1879
in Ulm. *Er erhebt sich und geht in sein Zimmer. Dann
hört man ihn geigen. Kreisler. ›Liebesleid‹.*

MÖBIUS Ich bin Salomo. Ich bin der arme König Salomo.
Einst war ich unermeßlich reich, weise und gottes-
fürchtig. Ob meiner Macht erzitterten die Gewaltigen.
Ich war ein Fürst des Friedens und der Gerechtigkeit.
Aber meine Weisheit zerstörte meine Gottesfurcht,

und als ich Gott nicht mehr fürchtete, zerstörte meine Weisheit meinen Reichtum. Nun sind die Städte tot, über die ich regierte, mein Reich leer, das mir anvertraut worden war, eine blauschimmernde Wüste, und irgendwo um einen kleinen, gelben, namenlosen Stern kreist, sinnlos, immerzu, die radioaktive Erde. Ich bin Salomo, ich bin Salomo, ich bin der arme König Salomo. *Er geht auf sein Zimmer.*

Nun ist der Salon leer. Nur noch die Geige Einsteins ist zu hören.

Ende

Anhang

21 Punkte zu den ›Physikern‹

1

Ich gehe nicht von einer These, sondern von einer Geschichte aus.

2

Geht man von einer Geschichte aus, muß sie zu Ende gedacht werden.

3

Eine Geschichte ist dann zu Ende gedacht, wenn sie ihre schlimmstmögliche Wendung genommen hat.

4

Die schlimmstmögliche Wendung ist nicht voraussehbar. Sie tritt durch Zufall ein.

5

Die Kunst des Dramatikers besteht darin, in einer Handlung den Zufall möglichst wirksam einzusetzen.

6

Träger einer dramatischen Handlung sind Menschen.

7

Der Zufall in einer dramatischen Handlung besteht darin, wann und wo wer zufällig wem begegnet.

8

Je planmäßiger die Menschen vorgehen, desto wirksamer vermag sie der Zufall zu treffen.

9
Planmäßig vorgehende Menschen wollen ein bestimmtes Ziel erreichen. Der Zufall trifft sie dann am schlimmsten, wenn sie durch ihn das Gegenteil ihres Ziels erreichen: Das, was sie befürchteten, was sie zu vermeiden suchten (z. B. Ödipus).

10
Eine solche Geschichte ist zwar grotesk, aber nicht absurd (sinnwidrig).

11
Sie ist paradox.

12
Ebensowenig wie die Logiker können die Dramatiker das Paradoxe vermeiden.

13
Ebensowenig wie die Logiker können die Physiker das Paradoxe vermeiden.

14
Ein Drama über die Physiker muß paradox sein.

15
Es kann nicht den Inhalt der Physik zum Ziele haben, sondern nur ihre Auswirkung.

16
Der Inhalt der Physik geht die Physiker an, die Auswirkung alle Menschen.

17
Was alle angeht, können nur alle lösen.

18
Jeder Versuch eines Einzelnen, für sich zu lösen, was alle
angeht, muß scheitern.

19
Im Paradoxen erscheint die Wirklichkeit.

20
Wer dem Paradoxen gegenübersteht, setzt sich der Wirklichkeit
aus.

21
Die Dramatik kann den Zuschauer überlisten, sich der Wirklichkeit auszusetzen, aber nicht zwingen, ihr standzuhalten
oder sie gar zu bewältigen.

Geschrieben für den Sammelband *Komödien II und Frühe Stücke*, Verlag der
Arche, Zürich 1962.

Nachweis

Die Sekundärliteratur wie auch Dürrenmatt selbst übermitteln oft widersprüchliche Angaben zu den einzelnen Texten; der nachfolgende Nachweis zur Publikations- und Aufführungsgeschichte sowie zur Textgrundlage stützt sich auf die Dokumente aus Dürrenmatts Nachlaß und Archiv im Schweizerischen Literaturarchiv in Bern.

Der Stoff der *Physiker* fällt Dürrenmatt gleichzeitig wie der des *Meteor* bei einem Kuraufenthalt im Sommer (August/September) 1959 in Vulpera im Unterengadin ein, mit der Niederschrift beginnt er eineinhalb Jahre später, im Januar 1961. Am 21. Februar 1962 findet unter der Regie von Kurt Horwitz im Schauspielhaus Zürich die Uraufführung statt, mit Hans Christian Blech als Möbius, Gustav Knuth als Newton, Theo Lingen als Einstein, Hanne Hiob als Schwester Monika und Fred Tanner als Voß; die Rolle der Irrenärztin Fräulein Dr. Mathilde von Zahnd übernimmt Therese Giehse, die Dürrenmatt auf die Idee brachte, den Irrenarzt der ersten Manuskriptfassung in eine Frau zu verwandeln. Das Stück erscheint im gleichen Jahr in überarbeiteter Form mit dem Untertitel ›Eine Komödie in zwei Akten‹ im Verlag der Arche, Zürich, ab dem 16. Tausend mit der Widmung an Therese Giehse, ab dem 25. Tausend mit einer kleinen Änderung in der Schlußszene. Nach der deutschen Erstaufführung am 21. September 1962 an den Kammerspielen, München (Regie Hans Schweikart), folgen Inszenierungen im ganzen deutschen Sprachraum – 1962/63 sind *Die Physiker* das meistgespielte Stück auf deutschen Bühnen (über 50 Bühnen) –, danach Erstaufführungen in der ganzen Welt, von Belgrad bis Lima, von Johannesburg bis Mexico-City, u. a. am 9. Januar 1963 am Aldwych Theatre, London, und am 13. Oktober 1964 am Martin Beck Theater, New York (beide in der Regie von

Peter Brook). Im selben Jahr wird das Stück für die ARD (Co-Produzent Süddeutscher Rundfunk) als Fernsehspiel bearbeitet und am 5. November 1964 in der Regie von Fritz Umgelter (mit Therese Giehse als Mathilde von Zahnd, Kurt Ehrhardt als Einstein, Wolfgang Kieling als Möbius, Gustav Knuth als Newton, Renate Schroeter als Monika und Siegfried Lowitz als Voß) erstausgestrahlt. Am 8. Januar 1973 findet in Reinach (Kanton Aargau) die Premiere der Inszenierung Dürrenmatts mit dem ›Schweizer-Tournee-Theater‹ (mit Charles Regnier, Walter Fein, Ruth Hellberg, Dinah Hinz, Georges Weiss in den Hauptrollen) statt. Für die für die Werkausgabe 1980 geschriebene ›Neufassung 1980‹ (die keine grundsätzlichen Änderungen am Text bringt) stützt sich Dürrenmatt auf diese praktische Theaterarbeit ab. Vor allem zu Beginn der achtziger und auch in den neunziger Jahren zählt *Die Physiker* erneut zu den meistgespielten Bühnenstücken des deutschen Sprachraums.

Das Manuskript der *21 Punkte zu den ›Physikern‹*, reproduziert im Programmheft der Uraufführung, ist mit 13. Februar 1962 datiert.

Sławomir Mrożek
im Diogenes Verlag

»Mrożeks Gedanken sind so ungewöhnlich, daß sie jedem verständlich sind.« *Gabriel Laub / Die Welt, Berlin*

»Mrożeks politische Parabeln sind von stupender Diagnostik.« *Marianne Kesting / Die Zeit, Hamburg*

Striptease
und andere Stücke
Aus dem Polnischen von Ludwig Zimmerer. Inhalt: *Polizei, Das Martyrium des Piotr O'Hey, Auf hoher See, Karol, Striptease, Der Truthahn*

Tango und andere Stücke
Deutsch von Christa Vogel und Ludwig Zimmerer. Inhalt: *Eine wundersame Nacht, Zabawa, Der Kynologe am Scheideweg, Der Tod des Leutnants, Tango, Der Hirsch, Racket-baby*

Watzlaff und andere Stücke
Deutsch von Ludwig Zimmerer und Rolf Fieguth. Inhalt: *Nochmal von vorn, Die Propheten, Watzlaff*

Emigranten
und andere Stücke
Deutsch von Christa Vogel. Inhalt: *Emigranten, Schlachthof, Buckel, Das Haus auf der Grenze*

Amor und andere Stücke
Deutsch von Witold Kośny und Christa Vogel. Inhalt: *Insel der Rosen, Fuchsquartett, Der Schneider, Amor, Zu Fuß, Die Rückkehr*

Der Botschafter
und andere Stücke
Deutsch von Christa Vogel und M. C. A. Molnar. Inhalt: *Der Botschafter, Ein Sommertag, Alpha, Der Vertrag, Das Portrait, Die Witwen*

Liebe auf der Krim
Eine tragische Komödie in drei Akten. Deutsch von Christa Vogel

Die Giraffe
und andere Erzählungen
Erzählungen 1953–1959. Deutsch von Christa Vogel und Ludwig Zimmerer

Die Geheimnisse des
Jenseits und andere
Geschichten
Kurze Erzählungen 1986–1990. Deutsch von Christa Vogel

Der Perverse und andere
Geschichten
Kurze Erzählungen 1991–1995. Deutsch von Christa Vogel

Mein unbekannter Freund
und andere Geschichten
Kurze Erzählungen 1981–1985. Deutsch von Klaus Staemmler

Der Doppelgänger
und andere Geschichten
Erzählungen 1960–1970. Deutsch von Christa Vogel und Ludwig Zimmerer

Lolo und andere Geschichten
Erzählungen 1971–1980. Deutsch von Christa Vogel, Ludwig Zimmerer und Witold Kośny

Lauter Sünder / Schöne
Aussicht
Zwei Stücke. Deutsch von Christa Vogel

Das Leben für Anfänger
Ein zeitloses ABC. Mit Zeichnungen von Chaval. Herausgegeben von Daniel Keel und Daniel Kampa. Mit einem Nachwort von Jan Sidney